GW01149246

GROENING
Morrison
KANE

Imprime Lifusa, S.L. - Depósito legal: B. 17.417 - 1996

¡"CASOS DE AMPUTACIONES SIN RESOLVER" VOLVERÁ TRAS ESTOS MENSAJES PUBLICITARIOS!
PATATAS KON KOLESTEROL KRUSTY

HOLA, SOY TROY MCCLURE. QUIZÁ ME RECUERDES DE OTROS ANUNCIOS DE REGALOS ESPECIALES COMO "AUTÓGRAFOS DEPORTIVOS FALSIFICADOS, TUS HIJOS NUNCA NOTARÁN LA DIFERENCIA" Y "CUCHILLOS NO-SUIZOS DEL EJÉRCITO, PORQUE LA NEUTRALIDAD NO FORJA UN BUEN FILO". ESTA NOCHE, ESTOY AQUÍ REPRESENTANDO A SIMULACIONES CHICS PARA INFORMARTE DE UNA OFERTA LIMITADA QUE CAMBIARÁ TU VIDA.

¿ESTÁS HARTO DEL EJERCICIO INNECESARIO?
TOTALMENTE.
¿ODIAS PERDER TU PRECIOSA ENERGÍA PERSONAL?
CLARO.
¿ESTÁS SIEMPRE BUSCANDO FORMAS MÁS EFICIENTES DE PERDER MENOS ENERGÍA, POR POCA QUE SEA?
SÍ.

¡ENTONCES, AMIGO MÍO, NECESITAS ESTE DISPENSADOR DE PAPEL DE WATER LUJOSO, ELEGANTE, EFICIENTE, TERMOSTÁTICAMENTE CONTROLADO, QUE BRILLA EN LA OSCURIDAD, CHAPADO EN CROMO Y QUE CALIENTA LAS HOJAS AUTOMÁTICAMENTE!

DESARROLLADO DURANTE LA TORMENTA DEL DESIERTO, ESTA MARAVILLA MADE IN USA UTILIZA EL MISMO POLÍMERO RESISTENTE A LOS GOLPES QUE EL TREN-BALA, TIENE UN SILENCIOSO MOTOR DE TORSIÓN, SONIDO CUADRAFÓNICO, MICROCIRCUITOS RESISTENTES A 100 M. BAJO EL AGUA Y CONTADOR DE CUARZO QUE TE INDICA CUANTO PAPEL TE QUEDA, UN CALENTADOR TERMODINÁMICO, CUATRO ALTAVOCES CUADRAFÓNICOS CON AMPLIFICADORES DE LUJO Y UN SENSOR QUE SE ILUMINA AL CONTACTO CON EL DEDO. ¡TODO POR SÓLO 299,98 $!

ES UNA EDICIÓN LIMITADA, SÓLO ADQUIRIBLE EN NUESTRAS TIENDAS SIMULACIONES CHICS O A TRAVÉS DE NUESTRO CATÁLOGO ¡PERMÍTETE ESTE LUJO! ¡TE LO MERECES!
...sittin' on the dock of the bay...
"MADE IN USA" ES UN EUFEMISMO, PORQUE ESTÁ FABRICADO EN PAKISTÁN.

¡PUEDES DEJAR DE BUSCAR, MARGE, YA SÉ LO QUE QUIERO PARA MI CUMPLEAÑOS! UN COMO... UN COMU... ¡ESA COSA DEL LAVABO DE **SIMULACIONES CHICS**!
HOMEY, NI SIQUIERA HE PENSADO EN ESO. TU CUMPLEAÑOS ES EL MES QUE VIENE. ADEMÁS, LA TELETIENDA ES MUY CARA.
POSTRES ASHKENAZI Y SEFARDITAS
Lista de
LISA
√ platos
√ labores caseras
√ dar de comer a los animales
BART
sacar la basura
pasear al perro
deberes
√ experimento
incendiar lavabo

VAMOS, MARGE. HE VISTO TODOS ESOS CATÁLOGOS POR CORREO. SÉ QUE BUSCABAS UN REGALO PARA MÍ.
SÓLO SON **299,98$**.
¡¿299,98$?!

HOMER, NO QUIERO DEFRAUDARTE, PERO ESOS CATÁLOGOS LOS TRAJO EL CARTERO.
¡OH, CLARO, MARGE! ¿QUIERES QUE CREA QUE TODAS ESAS COMPAÑÍAS ENVÍAN ESOS ENORMES CATÁLOGOS A TODO COLOR Y SE GASTAN DINERO EN SELLOS SIN QUE SE LOS PIDAN SIQUIERA?

HRMMM. NO SÉ. ¿RECUERDA TODOS ESOS REGALOS CAROS QUE HAS SUPLICADO EN EL PASADO? ¿DÓNDE ESTÁN AHORA?
CREO QUE HAY UN GUISANTE BAJO MI COLCHÓN.
J.R.R. TOLKIEN
COLECCIÓN EN PIEL
7 PASOS PARA SER UN HOBBIT DE ÉXITO
FALSIFICA TU PROPIO ALAMBRE DE ESPINO
$59.95
BOLSA DE PICA Y RASCA
APRENDE BRAILLE POR CASETTE
MASCOTA DEL DALAI LAMA
VENTILADOR EXTENSIBLE

PERO, MARGE... ESTO ES **DIFERENTE**. ¡TENER UNA DE ESAS COSAS ES EL **SUEÑO DE MI VIDA**!
CREÍ QUE EL SUEÑO DE TU VIDA ERA PARTICIPAR EN UNA CARRERA DE CAMELLOS. YA LO HICISTE EL AÑO PASADO EN EL **FESTIVAL GASTRONÓMICO DE SPRINGFIELD EN FAVOR DE LA REPÚBLICA DEL YEMEN**.

MMMM... TABA GÜENO.

AL DÍA SIGUIENTE...
TRAS LA PUBLICIDAD, VOLVEREMOS CON LA CONVERSACIÓN ENTRE SARAH Y EL "CAPITÁN M", UN PANORAMAFÓBICO QUE TRABAJA EN UN FARO...
¡AARHH! ¡EL PAISAJE! ¡EL PAISAJE! ¡NO PUEDO SOPORTARLO UN SEGUNDO MÁS!

¡SI ESTÁS BUSCANDO TRABAJO O NECESITAS UN POCO DE DINERO EXTRA, MESAS DE CAFÉ MCBEAN TIENE TRABAJO PARA TI! ¡TAMBIÉN PUEDES ENTRAR METAFÓRICAMENTE EN LA MEGA-ADICTIVA INDUSTRIA DEL CAFÉ! ¡NUESTRA META ES COLOCAR 2000 NUEVAS MESAS TODOS LOS DÍAS EN ALMACENES, ESQUINAS Y PUERTAS DE OFICINAS DE DESEMPLEO HASTA EL FIN DE LOS TIEMPOS!
AM
FM

MMM... ES UNA IDEA. PODRÍA LIBRARME DE LOS CHICOS Y DE HOMER POR LA MAÑANA, TRABAJAR HASTA LA TARDE, GUARDARME EL DINERO PARA EL REGALO DE HOMER Y VOLVER A CASA A TIEMPO DE PREPARAR LA CENA. PERO, ¿Y MAGGIE?

GUARDERÍA PARA NIÑOS DE KRUSTY*
*No se ha de tomar literalmente (demandas de paternidad pendientes)
MMMM...
SCREEEECH!

PRODUCTOS PARA PADRES
PRUEBA DE EMBARAZO CASERA DE KRUSTY (ADVERTENCIA: PUEDE CAUSAR DEFECTOS CONGÉNITOS)
¡UN MES DE GUARDERÍA POR CADA POSITIVO!

PERDONE, PERO. ¿CÓMO PUEDEN ESTAR VIENDO EL PROGRAMA DE KRUSTY SI SE EMITE POR LA TARDE?

¿NO HA OÍDO HABLAR DEL VÍDEO? LOS ABOGADOS DE KRUSTY RECHAZARON MI IDEA DE LAS TIENDAS DE LONA. ¿CÓMO SACARME DE ENCIMA A ESOS MOCOSOS? LOS PASAMOS TODO EL DÍA Y ASÍ SE ENTRETIENEN.
¡FALLASTE! ¡STRIKE UNO!
¿Y LA LECTURA? ¿LOS JUEGOS? ¿LAS ARTES Y LAS MANUALIDADES? ¿NO TIENEN ESAS ACTIVIDADES?

SÍ, AHÍ.
COLOREA A KRUSTY
PINTURA DIGITAL KRUSTY
CASI SIN PLOMO
PINTURA
PINTURA
Depilador de bigote Lady Krusty
SURPLUS

¡STRIKE DOS!
¡EH, NO DEBERÍA COMERSE ESO!
ES VERDAD. ¡EH, CHICO, FALTA UNA HORA PARA COMER!
¿CHICO? ¿NO SABES NI SU NOMBRE?

POR EL SALARIO MÍNIMO NO ME APRENDO LOS NOMBRES.
¡NI SIQUIERA ERES UN PUERICULTOR PROFESIONAL! ¿CUÁNTO CUESTA ESTO?
UN GRANDE AL MES. CAMBIAR PAÑALES SE COBRA APARTE.
¡AAAHHH! ¡MI BRAZO!
¡UPS! ¡JO, JO, JE, JE! ¡NO HAGÁIS ESTO EN CASA, CHICOS!
ESTOY MOJADO.

Y LO ESTARÁS HASTA QUE TUS PADRES VENGAN A BUSCARTE.
ESTA GUARDERÍA ES UN DESASTRE. YO PODRÍA CUIDAR DE UN NIÑO MUCHO MEJOR Y POR MUCHO MENOS DINERO. MMMM
¡ME DISFRAZARÉ COMO KRUSTY!
ARCO Y FLECHAS KRUSTY

SI QUIERE PLAZA, SEÑORA, PÍDALA POR ANTICIPADO. HOY ESTOY A TOPE.
¡NO ME HAGAS ESTO, TÍO!
UNA APUESTA ES UNA APUESTA, IGNORANTE AMIGO. GALACTUS NUNCA HA VOMITADO UN CONTINENTE EXCEPTO EN UN WHAT IF? AHORA LLEVARÁS LAS PALABRAS ROM CABALLERO DEL ESPACIO TATUADAS PARA SIEMPRE EN TU FRENTE.

ESA NOCHE...

FAMILIA, TENGO UNA NOTICIA.
PERO, MARGE, LA POLICÍA ESTÁ PERSIGUIENDO EN DIRECTO A UN TIPO POR LA AUTOPISTA. QUIERO VER CÓMO ACABA.

SIEMPRE ACABA IGUAL, HOMER. SE QUEDA SIN GASOLINA O ATASCADO EN EL TRÁFICO, Y LA POLICÍA LO ATRAPA.

MIENTRAS...
WEEEEOOOOO
SLNGSUKR

¡ESTO VA A SER **GENIAL**!
CLICK!

¡ES EL REPORTAJE MÁS INCREÍBLE DE TODA LA ***TELEVISIÓN EN DIRECTO***!
6
NADA IMPEDIRÁ QUE ARNIE PIE SURQUE EL CIELO
¡ADIÓS, IDIOTAS!

CRASH!
POLICE
KERSMASH!
¡UAUH, QUÉ FINAL PARA UNA ***PERSECUCIÓN RUTINARIA***!

HE DECIDIDO ABRIR UNA GUARDERÍA EN CASA. ASÍ GANARÉ UN POCO DE DINERO, LO CUAL NOS IRÁ MUY BIEN.

PERO, MARGE, ESOS ABURRIDOS ANUNCIOS DE LA TELE DICEN QUE SIEMPRE HAY NUEVAS COSAS QUE SE SUPONE QUE HAS DE HACER CON TUS HIJOS.
PASAR MÁS TIEMPO CON ELLOS, LEERLES, SABER CÓMO VAN EN EL COLEGIO Y QUIÉN ES SU AGENTE DE LIBERTAD CONDICIONAL. YA SABES, ESAS COSAS QUE NUNCA HICIMOS CON NUESTROS DOS PRIMEROS HIJOS. ¿CÓMO VAS A ENCARGARTE DE MÁS?

PRIMERO, CREO QUE LO HEMOS HECHO BASTANTE BIEN CON NUESTROS HIJOS. SEGUNDO, ME HE LEÍDO EL ÚLTIMO LIBRO SOBRE CUIDADO DE NIÑOS.
¡NO SOY BENJAMÍN SPOCK, PERO CONOZCO A LOS NIÑOS!
POR LEONARD NIMOY

YOINK!
CREO QUE ES UNA GRAN IDEA. BART Y YO YA HEMOS PASADO LOS AÑOS DE FORMACIÓN Y DESARROLLO, EN LOS QUE NUESTRAS PERSONALIDADES TOMAN FORMA BAJO LA INFLUENCIA DE NUESTROS PADRES...

...Y SÓLO TIENE QUE CUIDAR A MAGGIE. MAMÁ TIENE MUCHO TIEMPO PARA DEDICARLE A OTROS NIÑOS.

VALE... SIEMPRE QUE NUESTRAS VIDAS NO CAMBIEN DEMASIADO.
NO TE PREOCUPES, NI LO NOTARÁS.
MILHOUSE, SOY YO. LLAMA A LA PANDA, NOS REUNIREMOS EN EL SOLAR VACÍO. VAMOS A PATEARNOS LA PASTA QUE LE HE BIRLADO A MI PADRE.

UNA SEMANA DESPUÉS...
LOS NIÑOS DE MARGE

JOHNNY LE DICE A FIDO: "JUGUEMOS A TOCAR Y PARAR". Y FIDO LE DICE A JOHNNY, "PREFIERO TOCAR". NO SÉ SI ME GUSTA ESTE LIBRO, A VER QUÉ MÁS TENEMOS...
¡CASA NO SE ESCRIBE CON K!
Cuentos para niños de Jackie Mason

¡YA ESTOY HARTA DE LOS LIBROS PARA NIÑOS DE FAMOSOS NEOYORQUINOS! ¡OUCH!
¡AY!
BONK!
RIMAS JUDÍAS POR JERRY SENFIELD
EL RITMO DE LA GUARDERÍA PAUL SIMON
INFANCIA II: COMO SER UN NIÑO PAUL REISER

MAGGIE, ERES MUY MALA. COMO NO JUEGAS LIMPIO, LE DARÉ TUS ROTULADORES A GERALD.

BIEN, PEQUEÑINES, ¿QUIÉN QUIERE UN ABRAZO? ¡EL PRIMERO RECIBIRÁ UN GRAAAN ABRAZO!

SMEK!

¿QUIÉN SERÁ?
YIPE!

¡GERALD! ¡GERALD RECIBE EL ABRAZO! ¡ANDAS MUY BIEN A GATAS!

¡OS LLEVARÉ GALLETAS CALENTITAS!
DOG
THWAK!
SCHLORP!
LECHE
LECHE

P de pez
AQUÍ TENÉIS... ¡MAGGIE, ¿POR QUÉ NO TIENES MÁS CUIDADO?!
LECHE

VOLVERÉ.
LECHE

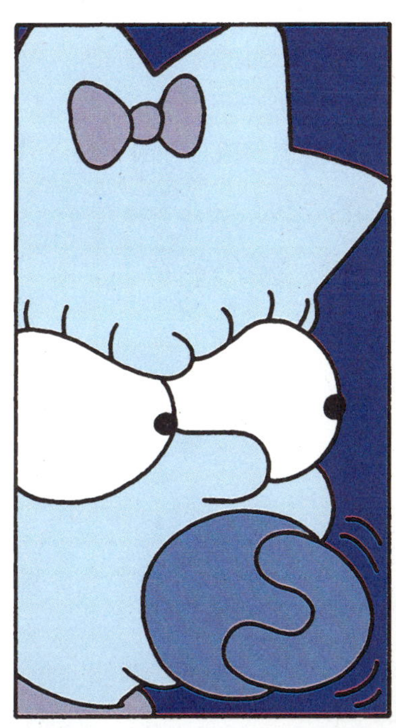

VACA
ARBOL
DE SOL
POP!

3+3=6
CRASH!

¿QUÉ HA SIDO ESO?

J
DE
P de pez
¡MAGGIE, ¿QUÉ HAS HECHO?! ¡SINCERAMENTE, NO SÉ QUÉ TE PASA!
3+2=5

¡OH! GRACIAS, GERALD, QUÉ AMABLE. ¿LO VES, MAGGIE? DEBERÍAS APRENDER DE GERALD. ¿CÓMO LLAMAN AL QUE LE CAE BIEN A TODO EL MUNDO? ¡OH, SÍ, SEÑOR SIMPATÍA!

AHORA VOY A DARTE UN PREMIO POR SER EL SEÑOR SIMPATÍA. MAGGIE, QUIERO QUE MEDITES SOBRE LO QUE HAS HECHO. ME HAS DEFRAUDADO MUCHO.

WELCOME

RRRIP!

ZIP!

¡BIEN, CHICOS DE MARGE, HORA DE LA SIESTA! TODOS A SUS COLCHONETAS.

¿QUIÉN FALTA?
ES LA COLCHONETA DE MAGGIE. ¡MAGGIE, A DORMIR! ESTOY HARTA DE TU COMPORTAMIENTO, JOVENCITA.

¡OH, NO! ¡MAGGIE!

¡NO!

HOLA, HOLITA, MARGE. ¿TIENES ALGÚN PROBLEMA?
¡MAGGIE ACABA DE ESCAPARSE EN EL MONOPATÍN DE BART! ¡ES TERRIBLE! ¡TENGO QUE IR POR ELLA!

¿PUEDES ENCARGARTE DE LA GUARDERÍA Y LLAMAR A LA POLICÍA?
¡SIN PROBLEMA! ¡SERÉ TU CUIDANIÑITOS!

CHITTY - CHITTY
PARTES - PARTES
ABIERTO
¡EN VENTA!
RAIN FOREST MEATS
YO HE COGIDO LA HAMBURGUESA DE ANCAS DE TIGRE BLANCO, ¿Y TÚ?
UN CUBO DE ALITAS PICANTES DE AGUILA CALVA.
¡FLANDERS DICE QUE BUSQUEMOS A UNA NIÑA EN UN MONOPATÍN! ¿SEGURO QUE NO SE REFIERE A JESÚS? SIEMPRE HABLA DE ÉL.

BUDDA-WHUMP!

BUENA CAPTURA, CHICOS.
FOOMP!

¿HAN VISTO A MI HIJA?
¿QUÉ LE PASA A TODO EL MUNDO CON LOS NIÑOS? "¿DÓNDE ESTÁ MI HIJO?", "¡HE PERDIDO A MI HIJO!". LUEGO DIRÁN "¿DÓNDE ESTÁ MI MASCOTA?", "CREO QUE HAN RAPTADO A MI MARIDO", "¿PUEDEN ENCONTRAR A MI ANCIANO PADRE QUE TIENE ALZHEIMER Y SE HA ESCAPADO SIN MEDICARSE Y TIENE LA COSTUMBRE DE PERDERSE EN EL BOSQUE PORQUE CREE QUE UNA ARDILLA ES SU COMPAÑERO DESAPARECIDO EN LA 2ª GUERRA MUNDIAL?".. NO ESTOY AQUÍ PARA BUSCAR A NADIE, ¿SABE?

BUENO, BUENITO, NIÑOS. ¿QUIÉN QUIERE PINTAR CON LOS DEDOS?
¡YO!

¿PINTAR? ¡ESO ES FABULOSO!

¡NO TEMÁIS, MIS JÓVENES PICASSOS, VUESTRO PROFESOR HA LLEGADO! SERÁ UN HONOR QUE ME PERMITÁIS EL PLACER DE GUIAR VUESTROS PASOS EN ESTOS PRIMEROS TRAZOS EN EL LIENZO.
POR MÍ VALE, TENÍA QUE IRME A CASA. ESTABA PENSANDO EN ROTAR LAS BIBLIAS, NO QUIERO QUE NINGUNA SE SIENTA QUE PREFIERO A LAS DEMÁS PORQUE LES DOY UN LUGAR MÁS IMPORTANTE EN LA ESTANTERÍA. SI ME NECESITA, ESTOY EN LA CASA DE AL LADO.

SÓLO NECESITO UN MEDIUM, UN ALUMNO Y UNA MUSA. ¡BIEN, NIÑOS, CREEMOS UN GENIO!

MIENTRAS...
CELEBRA EL AÑO NUEVO CHINO CON NUESTRO NUEVO CALAMAR MU SHU
¡APÚ, ¿HAS VISTO A MI HIJA?!
¡SÍ, SÍ Y SÍ! ACABA DE PASAR A UNA VELOCIDAD DE VÉRTIGO. ¡LÁSTIMA QUE MI ENVÍO DE CALAMARES ARTIFICIALES CON COLOREADOS Y SABORIZANTES HABÍA LLEGADO UNOS SEGUNDOS ANTES QUE ELLA!
SALSA PARA TODO
TINTE AMARILLO Nº 5 (Ha causado cancer en ratas de laboratorio)
TINTE ROJO Nº 8

¡PRECIOSO! ¡ES PERFECTO! ¡OTRA VEZ!
¡OH, NO! ¡POR FAN QUE SEA DEL EXPRESIONISMO, ME TEMO QUE NO EXPRESÁIS DEMASIADO! ¿QUÉ HACER?

DR. NICK
SOLUCIÓN LIMPIADORA CON VERDADERA SALIVA DE BÚFALO Y ARSÉNICO ORGÁNICO
JINGLE! JINGLE!
¡GENIAL!

¡HOLA A TODOS! SOY EL DR. NICK.
HE TERMINADO MI TRABAJO. ME VOY A ILUMINAR CON MI SABIDURÍA OTRAS ALMAS AFORTUNADAS. TÚ, EL DEL ESPRAI... ¡ESPÉRAME! ¡TE AUGURO UN FUTURO BRILLANTE!
¡HOLA, DR. NICK!

DESPUÉS DEL COLE, IRÉ A LA "VORAZ DEGUSTACIÓN DE VEGETALES Y LECTURA DE JAIKUS" DE APU. ¿Y TÚ?
CREO QUE LEERÉ TEBEOS GRATIS EN EL BADULAQUE HASTA QUE LA FIESTA DE APU TERMINE.
DESPUÉS, PRACTICARÉ ALGUNAS PIRUETAS CON...

¡MI MONOPATÍN!
¡MAGGIE!

¡POR ALLÍ, MAMÁ!
CHICOS, ¿HABÉIS VISTO A MAGGIE?
ESTIERCOL DE 4° CURSO

¡SUBID, CHICOS! ¡VAMOS!
¡ESTO APESTA TANTO, QUE HE PERDIDO MI ACENTO!

¡JO, JO, JE, JE!
¡EH, CHICOS! ¿QUÉ HA PASADO AQUÍ? ¿Y LOS NIÑOS? ¿NOS HA VUELTO A CERRAR SANIDAD?
HORAS
NO. SE HAN IDO A LA NUEVA GUARDERÍA DE MAGGIE

ESO QUIERO VERLO. ¡NADIE ME ROBA MIS MOCOSOS SIN PELEAR!
¿NO OLVIDA ALGO?

¡OH, SÍ! TU DINERO, ESTÚPIDO CONVERSO MONOTEMÁTICO.

EH, DOC, HE CAPTADO UN OLOR RARO. ¿QUÉ PASA?
ES MI DISOLVENTE LIMPIADOR CASI-PATENTADO. ¿PUEDES VIGILAR UN MOMENTO A LOS NIÑOS MIENTRAS VOY A... MMM, A OTRO SITIO?
CLARO, DOCTOR, CLARO.

¡MAGGIE!
¡VA A LA CENTRAL NUCLEAR!

¡EH, HOMER! ¿POR QUÉ TAN FELIZ?
BUENO, ES QUE SI CONSIGO NO GOLPEARME LA CABEZA EN TODO EL DÍA, HABRÉ BATIDO MI PROPIO RECORD DE TRES DÍAS SEGUIDOS.

¡UUUFFF!
WHUMP!

¿ESTÁS BIEN, HOMER?
AL MENOS NO HA SIDO EN LA CABEZA.

¡BOLA!
¿HA VISTO MI PELOTA, SMITHERS?
SÍ, SEÑOR BURNS. ¡BUEN GOLPE!
BOINK!

¡MI PEQUEÑA! ¡MI PEQUEÑA!
¡MI PEQUEÑA! ¡MI PEQUEÑA!

¡LO SIENTO, MAGGIE! ERES MI HIJA FAVORITA EN EL MUNDO ENTERO. NO QUISE ENFADARTE.

A PARTIR DE AHORA, MI FAMILIA SERÁ SIEMPRE LO PRIMERO.
¡EH, HOMER! ¿PUEDES OÍRME?
BOINK!

¡¿QUÉ HA PASADO AQUÍ?!

¡OH! HOLA, MARGE. MIRA LO QUE LES HE ENSEÑADO A LOS NIÑOS. ATENCIÓN TODOS: UNA, DOS Y...

...¡TRES!
¡BUUURP!

HRRRM.
EH, NIÑOS. ¡DEMOSTRADLE A MARGE COMO ESCUPÍS LA LECHE!
DING-DONG!

¿ERES MARGE, DE LOS NIÑOS DE MARGE?
LOS NIÑOS

AQUÍ KENT BROCKMAN CON "SPRINGFIELD EN DIRECTO". TÚ, TELEVIDENTE, HAS DE SABER QUE AUNQUE LOS ÍNDICES DIGAN LO CONTRARIO, ESTÁS HARTO DEL SENSACIONALISMO BARATO QUE SÓLO MUESTRA LO MALO DE SPRINGFIELD.

ASÍ QUE AQUÍ ESTOY, PARA DAR NOTICIAS ALEGRES DE LO BUENO DE NUESTRA CIUDAD. MI QUINTA ESPOSA, QUE TAMBIÉN ES MI SEGUNDA ESPOSA, ME HA HABLADO DE UNA NUEVA Y MARAVILLOSA GUARDERÍA DONDE MANDAR NUESTRO... UJM, HIJO... ER, CREO.
VAMOS A HACER UNA VISITA SORPRESA, EN DIRECTO, PARA MOSTRAROS LA CALIDAD DE LA GUARDERÍA. ESTÁ EN NUESTRA CIUDAD. ENTREMOS Y ECHEMOS UN VISTAZO.
DIRECTO

MIRE, EL TRATO ES ÉSTE: NECESITO UNA GUARDERÍA PARA DESGRAVAR IMPUESTOS Y JUSTIFICAR MIS DEUDAS DE JUE... UH, MIS OTRAS INVERSIONES. ¿QUÉ TAL SI SE LA COMPRO?
NO SÉ...

VEAMOS. SI LE OFREZCO UN PRECIO RIDÍCULAMENTE BAJO, CONTRAATACARÁ CON UNO RIDÍCULAMENTE ALTO, Y DESPUÉS... ME PREGUNTO SI LOS OSOS GANARÁN ESTA SEMANA EN... ¿DÓNDE ESTABA?

¿QUÉ TAL 100$?
QUE SEAN 300$.
PARA EL REGALO DE HOMER.
¡EH, EH, NO TAN CARO!... ¡ESPERA! ¿300? ¡TRATO HECHO, SEÑORA!
¡IDIOTA!

NO EXAGERO, ESTE REPORTERO NO HABÍA VISTO UN CASO DE NEGLIGENCIA INFANTIL TAN BRUTAL DESDE "OLIVER".
ES HORRIBLE QUE LOS NIÑOS SE VEAN OBLIGADOS A PASAR LOS DÍAS EN MEDIO DE TANTA MUGRE. NO SOY QUIÉN PARA ESPECULAR, PERO NO ME SORPRENDERÍA QUE ESTO ENCUBRA TRATA DE NIÑOS. BUSQUEMOS AL RESPONSABLE DE ESTO.
ZZZZZZZZZ

¿ES USTED LA DUEÑA?
UN, CREO QUE...

YO SOY EL DUEÑO, KENT. ¡SÍ, SPRINGFIELD, ESTO ES OTRO EJEMPLO DE LAS GRANDES GUARDERÍAS QUE PUEDES ENCONTRAR EN GUARDERÍAS KRUSTY! ¡ME ENORGULLECE SER EL PROPIETARIO DE ESTA GUARDERÍA... UM, LUGAR! ¡JO-JE-JE-JE!

ENTONCES, KRUSTY, ¿PUEDES EXPLICARNOS LAS HORRIBLES CONDICIONES, APOCALÍPTICAS ME ATREVERÍA A DECIR, QUE VEMOS AQUÍ? ¡UN BORRACHO DORMIDO COMO VIGILANTE PRINCIPAL, PAREDES DECRÉPITAS Y UN OLOR REPUGNANTE QUE NO HABÍA OLIDO DESDE QUE UN BÚFALO ME LAMIÓ EN MI MEJOR TOMA DE "YUJUUU"!
¿YU... QUÉ?

¿QUÉ DIA...?
¡SERÉ COMO KRUSTY!

¡NOOOO, EN PLENO CULO! OHHH, ESTO VA A DOLERME.
THWAK!

..."TODOS ODIAN A PAULIE" VOLVERÁ DESPUÉS DE UNOS ANUNCIOS...
...it must have been moonglow...

HOLA, SOY TROY MCCLURE. QUIZÁ ME RECUERDEN DE OTROS ANUNCIOS DE SIMULACIONES CHICS COMO "LA CUCHILLA DE AFEITAR BAÑADA EN ORO" Y "EL SENSOR DE ASBESTO BAÑADO EN ORO". ESTA NOCHE, QUIERO INFORMAROS DE UNA OFERTA LIMITADA QUE CAMBIARÁ VUESTRA VIDA.

OHHHH, SIEMPRE HE QUERIDO COMPRARLES ALGO.
HOMER, YA TUVISTE UN REGALO MUY CARO DE AHÍ. ¡LISA Y BART ESTÁN JUGANDO CON ÉL AHORA MISMO!
OH.

¡SI TE GUSTAN LAS PALABRAS COMO A NOSOTROS, TE DEBES A TI MISMO ESTA EDICIÓN LIMITADA Y LUMINISCENTE DE UN EXCLUSIVO DICCIONARIO BAÑADO EN ORO, HECHA EN COPENHAGUE, CON UN ACABADO NO CONTEMPORÁNEO! ¡ESTA MARAVILLA CONTIENE MILES DE LOS ÚLTIMOS SINÓNIMOS Y ANTÓNIMOS DEL ARGOT ACTUAL, COMO "MALO", QUE SIGNIFICA "BUENO"; Y "GUAI", QUE SIGNIFICA "UAUH". DESCUBRE SI TUS HIJOS TE RESPETAN O TE "TOMAN LA CABELLERA".
HOMER, ESTÁS GORDO.
GRACIAS, HIJO.
ACTUALMENTE NO DISPONIBLE EN ORO
ESCRITO EN ARGOT, CON UN AÑO DE GARANTÍA

MARGE, PARA EL DÍA DEL PADRE PUEDO TENER ESE DICCO... DICCNA...
DICCIONARIO, PAPÁ.
ESO, DICCIONARIO. PORQUE ME ENCANTAN ESAS COSITAS QUE TRAE, YA SABES, CON LAS QUE SE HABLA Y TODO ESO...
PALABRAS, PAPÁ.

ADORO LAS PALABRAS.
FIN.

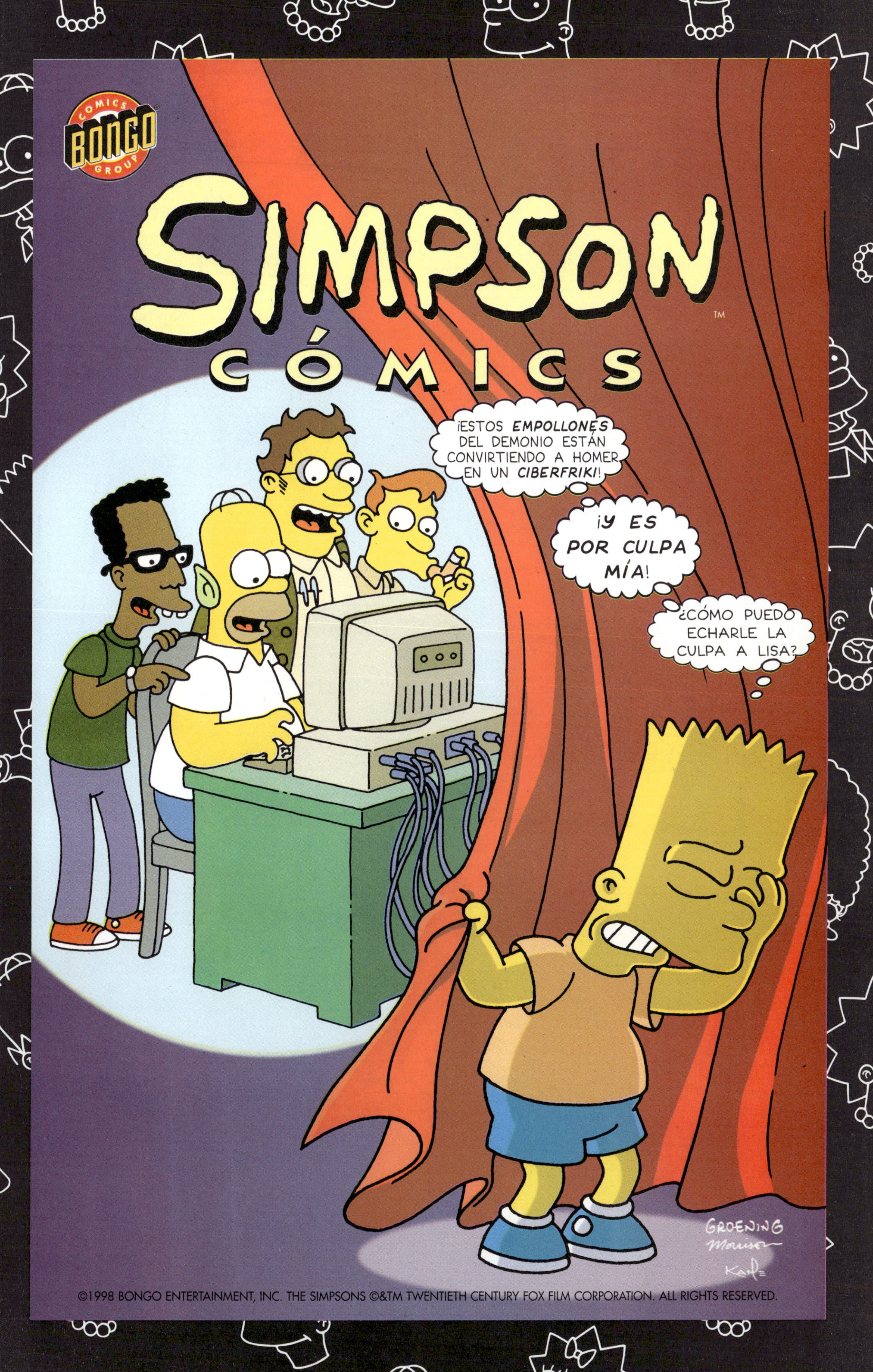
BONGO COMICS GROUP
SIMPSON CÓMICS
¡ESTOS EMPOLLONES DEL DEMONIO ESTÁN CONVIRTIENDO A HOMER EN UN CIBERFRIKI!
¡Y ES POR CULPA MÍA!
¿CÓMO PUEDO ECHARLE LA CULPA A LISA?
GROENING

Imprime Lifusa, S.L. - Depósito legal: B. 17.417 - 1996

LO SIENTO, CHICOS, PERO OS GRADUASTEIS EL VERANO PASADO Y, COMO DECANO, DEBO DARLE VUESTRO DORMITORIO A ALUMNOS NUEVOS **DE PAGO**.
AHORA, SI ME PERDONÁIS, LLEGO TARDE AL **FESTIVAL CHARLTON HESTON**. ¡LOS PRIMEROS VEINTE HESTONS DISFRAZADOS PAGARÁN LA **MITAD** DE LA ENTRADA!

¿DÓNDE VAMOS A **IR**? ¿QUÉ **HAREMOS**?
LA **UNI** ERA EL ÚNICO LUGAR DONDE ENCAJÁBAMOS.
QUIZÁ NO OS LO CREÁIS, PERO EN EL INSTITUTO YO ERA UN POCO **FRIKI**.

¡VAMOS, CHICOS! SI **SPOCK** PUDO RESUCITAR, NOSOTROS PODREMOS SUPERAR **ESTO**.
SEGURO QUE ENCONTRAREMOS TRABAJO EN EL **PLANET GÉNESIS**.

¡JA!
¡JE, JE!
¡JUJU!

¿SABÉIS? CREO QUE TODO SALDRÁ **BIEN**.

PERO...

MUSEO DE HISTORIA NATURAL DE SPRINGFIELD
VALE, YA OS HABÉIS INSTRUIDO BASTANTE. ¡COMPRAD ALGO EN LA TIENDA DE RECUERDOS O LARGAOS!

MÁS TARDE, EN EL BADULAQUE...
¡EH, ESTO NO ES UNA BIBLIOTECA PÚBLICA!

Y EN LA BIBLIOTECA...
¡EH, ESTO NO ES EL BADULAQUE!

POR FIN, EN LA MAZMORRA DEL ANDROIDE, EL EMPORIO DEL COMIC-BOOK,...
RECLAMAMOS REFUGIO SEGÚN EL CÓDIGO DE LA CONVENCIÓN DE CÓMICS DE SAN DIEGO, SUBSECCIÓN...
SÍ, SÍ, CONOZCO EL TRATADO -SIGH-. PODÉIS QUEDAROS EN EL TRASTERO. PERO SÓLO UNA NOCHE.

¿TIENES CAMAS?
NO, PERO PODÉIS DORMIR ENCIMA DE LAS CAJAS DEL BATMAN ESQUIADOR Y LOS MUÑECOS PASIVO-AGRESIVOS DE LOBEZNO.

Y...
Hoy, aquí, Hena la estrella de TV
¿SEGURO QUE QUIERES ENTRAR, PAPÁ? HENA, PRINCESA ELEGIDA DEMOCRÁTICAMENTE REPRESENTA UNA MEZCLA FEMENINA DE FUERZA FÍSICA E INDEPENDENCIA EMOCIONAL.
ESPERARÉ EN EL COCHE, CARIÑO. PAPÁ QUIERE OÍR LOS DEPORTES POR LA RADIO.

Y AHORA, UN VIDEOCLIP DE LA PRIMERA APARICIÓN DE HENA EN LA FALLIDA SERIE DE TROY MCCLURE, LAS AVENTURAS DE AQUILES.

¡ENCÁRGARTE TÚ, HENA! ¡ME DUELEN LOS PIES!

¡UAUH, UN LUGAR DONDE QUEDARNOS Y CONOCER A HENA! ¡SU SERIE ES FANTÁSTICA!
MENOS EL EPISODIO 37.
VAMOS, CREO QUE DON KNOTTS HACÍA MUY BIEN DE CENTAURO.

¡MIRA, ES URKEL!
NO, NO SOY...
¡ES UN SUEÑO!
¡A POR ÉL!

Y METE LA BOLA ROJA. LA SACA. LANZA LA BOLA ROSA. LA METE. AHORA VUELVE A DARLE A LA MISMA BOLA ROJA...
¡AH, BILLAR! MI VERGÜENZA SECRETA.

¡AAAAH!
¿QUÉ DÍA...?

¡SR. SIMPSON, TIENE QUE ESCONDERNOS!
¡ESTÁN TOMANDO ALIENTO, PERO NO TENEMOS MUCHO TIEMPO!

PUFF!
GASP!
WHEEZE!

VALE, AL MALETERO.

¿SE HAN IDO LOS ROBOTS DEL GOBIERNO QUE NOS ROBAN LOS DIENTES?
UM... SÍ.

TODO VUESTRO.

¡Y ESTO POR LAS PLUMAS DE LA COLA DE UN KIWI! ¡YO ME LARGO!

ASÍ QUE UNA FAMOSA TE HA DEJADO TIRADA, ¿EH? SUELEN HACERLO. CUANDO YO ACECHABA A BUCK OWENS...

Y...
THUMP!
THUMP!
THUMP!

JULIO
MAYO
ABRIL
NIO
FEBRERO
ENERO
MAR

¡MALDITOS CALENDARIOS DE REGALO! ¡LA COLA NUNCA AGUANTA MÁS ALLÁ DE MARZO!
¿CARRERITA HASTA LA *TELE*?

¡OH, ¿LA CADENA PÚBLICA?! ¡ESO NO ES ENTRETENIMIENTO, ES *ANTI*-TENIMIENTO!
HACEN UNA SERIE DE 12 EPISODIOS SOBRE CÓMO PROTEGER EL MEDIO AMBIENTE.

ESTÁS DE **BUEN** HUMOR. ¿SE TE HA PASADO LO DE **HENA**?
PAPÁ, ESO FUE HACE UNA **SEMANA**.
CUANDO TE ENCADENES A UN ÁRBOL PARA IMPEDIR QUE LO TALEN, HAS DE ENCADENARTE AL *TRONCO*.

RECUERDA LLEVAR CADENAS EN EL **MALETERO**.
¿EL MALETERO? ¡OH, **DIOS SANTO**, ME HABÍA OLVIDADO!

NO, SR. SIMPSON. STAMPY ESTÁ BIEN. SÍ, NO HA INTENTADO ESCAPAR DEL PARQUE METIÉNDOSE EN NINGÚN **MALETERO**.
¡BIEN, QUÉ *ALIVIO*!

OYE, HOMER, HE ABIERTO TU MALETERO PARA COGER LA PALANQUETA. ¿SABES QUE TIENES A TRES FRIKIS DESHIDRATADOS?

¡JEJEJE!
GLUB!
GASP!

Y...
NO QUIERO QUE VIVAN EN CASA. SON INQUIETANTES.
PERO, MARGE, NO OCUPAN MUCHO ESPACIO Y SE ALIMENTAN DE KRUSTYS DE CREMA Y BUZZ-COLA. SON COMO MONOS MARINOS, PERO SIN GASTOS DE MANTENIMIENTO.

ESTÁ BIEN. QUE VIVAN AQUÍ, PERO QUE SE QUEDEN EN EL GARAJE.

GRACIAS, SRA. SIMPSON.
TIENE LA SABIDURÍA DEL CAPITÁN SHERIDAN Y LA BELLEZA DE VAMPIRELLA.
LA DE WARREN DE LOS 70, NO LA VERSIÓN ACTUAL DE LOS 90.

UMMM... GRACIAS.

PRIMER DÍA.
KLAK
KLAK
KLAK

SEGUNDO.
KLAK
KLAK
KLAK

TERCERO.
SON MUY ABURRIDOS. NO HACEN NADA. COMO LOS MONOS MARINOS.
KLAK
KLAK
KLAK
¿TAMBIÉN LOS TIRARÁS AL WATER, HOMER?

HIJO, ALGÚN DÍA DESCUBRIRÁS QUE NO TODOS LOS PROBLEMAS PUEDEN TIRARSE POR LA TAZA DEL WATER.
A PROPÓSITO, LA LATA DE ZUMO TAMPOCO.

¿QUÉ HACES?
OBSERVO A LOS FRIKIS EN SU HÁBITAT NATURAL Y TOMO NOTAS DE SU CONDUCTA.
¿PARA ALGÚN TRABAJO DEL COLEGIO?
NO, NELSON ME PAGA POR DARLE INFORMACIÓN DE LOS FRIKIS. ASÍ SABE COMO PEGARLES MEJOR. INTENTARÉ INTERACTUAR CON ELLOS.

¿ES UN VÍDEOJUEGO?
SÍ, TIENES QUE RESOLVER UNA SERIE DE ROMPECABEZAS NEW AGE CADA VEZ MÁS DIFÍCILES, EN UNA MÍSTICA ISLA.
¿Y LA VIOLENCIA? ¿DÓNDE ESTÁ LA GRACIA SI NO ESTÁ PROHIBIDO A LOS NIÑOS?
BUENO, ESTAMOS TRABAJANDO EN ALGO MÁS EXTREMO.

¡UAUH, MAMÁ! APENAS VEO NADA CON TANTA LLUVIA.
ES LA SANGRE DE TU ENEMIGO.
¡GENIAAAAL! ¿CÓMO CONSIGO UN ARMA MÁS POTENTE?
TECLEA FREUD.

ESTO SÓLO ES UNA PEQUEÑA PARTE DEL JUEGO. AÚN TENEMOS QUE AÑADIR ELFOS, MAGOS, COMPLICADAS ESTADÍSTICAS DE LOS PERSONAJES Y REBAJAR LA VIOLENCIA.
¡QUIERO MÁS ARMAS!
KLAK
KLAK

¡NOOOO! ¡HAS APRETADO EL BOTÓN "ENVIAR" Y EL JUEGO NO ESTABA ACABADO!
¡AHORA LO RECIBIRÁN TODOS LOS QUE TENGAN MODEM! ¡HAS HUNDIDO NUESTRA REPUTACIÓN COMO PROGRAMADORES!
ESTAMOS MÁS MUERTOS QUE UN MAC.

BUENO, TENGO QUE IRME... NOS VEMOS.

A LA MAÑANA SIGUIENTE...
LLEGO TARDE AL TRABAJO. ESPERO QUE NADIE ESTÉ DURMIENDO DEBAJO DEL COCHE.

¡EH, ¿QUÉ PASA AQUÍ?! ¡KRUSTYS CON DOBLE DE CREMA! ¿NOS HEMOS CONVERTIDO EN MILLONARIOS O QUÉ?
¡SÍ! ESTAMOS INUNDADOS DE PEDIDOS DE LA VERSIÓN COMPLETA DE NUESTRO JUEGO.
SOMOS MÁS RICOS QUE BILL GATES.
KLAK
KLAK
KLAK

UN VIDEOJUEGO, ¿EH? ¡EN EL INSTITUTO SOLÍAN LLAMARME SEÑOR PONG!
VA DE UN TIPO QUE ES UN BARRIGÓN OBSESIVO BABOSO Y OFUSCADO. LO LLAMAMOS BOBO PARA ABREVIAR.

¡MALDITO...!
ME RECUERDA A ALGUIEN.
¿A CHISPITAS?
¡EXACTO!
MMO
2 3 4
5 6 7
MS
75%
ARMOR
BULL 62 / 200
SHELL 26 / 50
ROKY 0 / 50
CELL 0 / 300

ATENCIÓN, **PACMAN**, HAY UN NUEVO JUEGO EN LA CIUDAD. ESTÁ POR VER EL EFECTO QUE LE CAUSE A LA **SRA. PACMAN**.

CHICOS, AHORA QUE SOIS RICOS, DEBERÍAIS BUSCAROS OTRO SITIO PARA VIVIR.
NOS GUSTARÍA, SRA. SIMPSON, PERO HEMOS CONTRATADO A ÚN ASESOR DE INVERSIONES Y HA USADO TODO NUESTRO DINERO EN INVERSIONES POCO ARRIESGADAS.

¡**LIONEL HUTZ**, ASESOR DE INVERSIONES, PARA SERVIRLES!
¡PERDÓN! ¿NO HAY POR AQUÍ UN TRITURADOR DE PAPELES?
¡AAAAH!
¡NO APAREZCA ASÍ DE REPENTE!

FRÓTELES QUESO Y DÉSELOS AL PERRO.
GRACIAS. AHORA, CHICOS, ES IMPORTANTE QUE SEPÁIS DÓNDE HA IDO VUESTRO DINERO. DOUG, TIENES UNA ENTREVISTA CON...

TROY MCCLURE, QUIZÁ ME RECUERDES DE PELÍCULAS COMO...
CONOZCO TODA SU FILMOGRAFÍA, SEÑOR MCCLURE: TODOS LOS MONOS DEL PRESIDENTE; FIESTA PLAYERA ANDROIDE; RETORNO A LA SECUELA; MANTEQUILLA, LA PELÍCULA; EL PUMA Y EL REY DE LA POLKA; RAJA, LAS AVENTURAS DE JACK EL DESTRIPADOR; DISCO 50 GORE DE DRACULA; PASEANDO A...
¡BASTA! ¡ME SACAS LOS COLORES!

¿SABES? ALGÚN DÍA DEBERÍA ESCRIBIR SOBRE... TODO ESO QUE HE HECHO.
¿UN RESUMEN?
¡GENIAL! RICO Y HABLAS FRANCÉS...

¡CÓMO TE ENVIDIO!
¡OH, DIOS MÍO!

¿CONOCE A WILLIAM SHATNER?
¿CONOCERLO? ES MI JARDINERO.

DECÍS QUE QUERÉIS PAZ, HIERBAJOS, PERO ATACÁIS A LOS INOCENTES TULIPANES, ¿CUÁNDO APRENDERÉIS? ¿CUÁNDO APRENDEREMOS... TODOS?

¿SEGURO QUE NO QUIERES UN JULEPE DE MENTA?
LAS BEBIDAS ALCOHÓLICAS ME PROVOCAN INFECCIONES DE OJOS, SR. MCCLURE.
¡DOUGLAS, TENGO UN SUEÑO: HACER LA MEJOR PELÍCULA DE CIENCIA FICCIÓN DE TODOS LOS TIEMPOS! CON TU DINERO, PUEDO CONVERTIR ESE SUEÑO EN REALIDAD.

¿PUEDO CONTROLAR QUE NO HAYA ERRORES DE CONTINUIDAD?
COMO LE DIJE A NANCY ROBERTSON EN EL CLÁSICO DE 1978, "TRES DAMAS Y UN PANTANO", ¡SEGURO, CIELO!"
¡HAREMOS QUE EL IMPERIO CONTRAATACA PAREZCA EL RETORNO DEL JEDI!

EN EL DESPACHO DE C. MONTGOMERY BURNS...
GARY, ¿NO? TE AGRADEZCO QUE HAYAS INVERTIDO EN EMPRESAS BURNS.
USTED ES EL HOMBRE MÁS RICO DEL ESTADO, SEÑOR BURNS. ¿QUÉ HACE CON MI DINERO?

SHWUK!

LO METO EN LA CAJA FUERTE.
FONDO 30 M.

¿SÍ, SOBRINOS? ¿QUÉ QUERÉIS?
HAY UN GALEÓN HUNDIDO...
...EN LAS COSTAS ESPAÑOLAS...
...LLENO DE TESOROS, DICEN.

LO SIENTO, CHICOS, ESTOY OCUPADO CON EL JOVEN GARY. YA IREMOS DE AVENTURA EN OTRO MOMENTO.

¡OHHHHHHHHHHHH!

BIENVENIDO A LOS LABORATORIOS FRINK. BENJAMIN, ¿NO?
¡UAUH, ES UN ROBOT GENIAL!

¡MUY BIEN, BENJAMIN! ¡SÓLO UNA ENTRE 16.356 PERSONAS LO HUBIERA NOTADO! ¡EL VIEJO 274X ME FUE ENCARGADO HACE AÑOS POR LOS MILITARES PARA ROBARLE LOS DIENTES A LOS ANCIANOS!
¡AH, QUÉ TIEMPOS AQUELLOS! ¡AHORA, CON LOS RECORTES DE PRESUPUESTO, DEBO ACUDIR A INVERSORES PRIVADOS COMO TÚ!
¡UAUH, UN IMPULSOR!

FWOOSH!
¡EN REALIDAD, ES UN MASAJEADOR DE ESPALDA QUE ME SALIÓ MAL ⁝ GA-HEY ⁝!

KA-BLAM!
¡UAUH! ¡UN COCHE GENIAL!

¡SÍ, HE INVERTIDO TU DINERO EN ESTO! ¡EL MAYOR SUEÑO DE LA HUMANIDAD! ¡UN COCHE COMESTIBLE! ¡PRUEBA EL LIMPIAPARABRISAS!
¿DE QUÉ ESTÁ HECHO?
DEL ALIMENTO PERFECTO...

¡MANTECA!
KACK!

¡CON TU DINERO, MEJORAREMOS EL SABOR Y EL MOTOR SERÁ MÁS EFICIENTE!
¡HAREMOS LO IMPOSIBLE: UN COCHE QUE SEPA BIEN Y CONSUMA ⁝ WU-HOY ⁝ MENOS!

¡PAPÁ, DEBERÍAS SENTIRTE ORGULLOSO! ¡HACE CASI **TRES SEMANAS** QUE LOS FRIKIS DEJARON SU COMPAÑÍA EN TUS MANOS, MIENTRAS TRABAJAN CON TROY MCCLURE, EL PROFESOR FRINK Y EL SEÑOR BURNS, Y SIGUE SIENDO UN **NEGOCIO MULTIMILLONARIO**!
¡LISA! ¿NO TE TENGO PROHIBIDO DAR CONFERENCIAS EN LA MESA?
¿CARRERITA A LA TELE, LISA?

¡AAAAAAH!
TWANG!

PAPÁ, ¿NUNCA TE PREOCUPA EL **KARMA**?
¡JE, JE!
¿EUH?

KARMA. RECUERDA, **MEL ACTOR SECUNDARIO** HABLÓ CON **FIONA APPLE** SOBRE ESO DURANTE EL ESPECIAL KRUSTY SOBRE EL HINDUISMO.

MMMMMM... ¡**KARMA, MEL, APPLE**!
EN REALIDAD, LO DE LA REENCARNACIÓN SÓLO FUE UNA EXCUSA PARA PASARNOS UNA SEMANA DE REPOSICIONES DE PROGRAMAS DE KRUSTY.

HOMER, TOMA LA ÚLTIMA CERVEZA QUE QUEDA... ¡**UAUUUUUUH**!

¡**NOOOOOOOOOOOOOO**!

Y...
¡SNIFFF POBRE CERVEZA!
JUSTICIA IRÓNICA.
LO QUE NO ENTIENDO ES QUE ESOS FRIKIS TE DEJASEN AL **MANDO** DE SU COMPAÑÍA DE ORDENADORES.

DIJERON NO SÉ QUÉ DE PAGAR MENOS IMPUESTOS POR RIESGOS PELIGROSOS.

EN REALIDAD, **NUNCA** HE LEÍDO NADA SOBRE IMPUESTOS, PERO SEGURO QUE HAY **ALGO ASÍ** EN ALGÚN LADO.
BUENO, ME VOY.
¡EH! ¿DÓNDE ESTÁ MOE?

SOY EL **SEÑOR NEGRO**. MOE NO PUEDE VENIR ESTA SEMANA, ESTÁ **ATADO**... POR UN COMPROMISO... EN **AUSTRALIA**...
Duff

¿QUÉ MÁS PUEDO HACER POR USTEDES?

ENTRETANTO...
ESCÁNER DE RETINA
ESTAS ÚLTIMAS SEMANAS HAS SIDO COMO UN **HIJO** PARA MÍ, GARY.
REGISTRO DE VOZ
VOY A ENSEÑARTE CÓMO FUNCIONA **DE VERDAD** LA ECONOMÍA.
PRUEBA DE SABOR

¡LAS COMADREJAS ESTÁN LISTAS, SEÑOR BURNS!
¡EXCELENTE!

BANG!
SUBE
BAJA

META
¡HA GANADO BAJA POR 3 SEGUNDOS!
SUBE
BAJA

DOW JONES BAJA 3 PUNTOS

¿CONTROLA EL ÍNDICE DOW-JONES? ¡ES COMO SI TUVIERA LOS TRUCOS DE LA ECONOMÍA!
ESTO ES SÓLO EL PRINCIPIO. TIENES LA BRAGUETA ABIERTA.

ZIIIIIIIP!

SMAK!
¡EL ORO SUBE!

MIRA, GARY, EN REALIDAD NADIE SABE CÓMO FUNCIONA LA ECONOMÍA, PERO NO QUIEREN ADMITIRLO. ¡SI TIENES MANO FIRME Y MIRADA ATENTA, EL MUNDO SERÁ TUYO!
DESDE QUE LO CONOZCO, USTED NO HA PARPADEADO.
SÍ, SÉ BUEN CHICO Y HUMEDÉCEME LOS OJOS.

LO ÚNICO QUE SE ME ESCAPA ES EL MUNDO DE LOS ORDENADORES. ¡CON TU EXPERIENCIA DOMINARÉ EL COMMODORE 64 Y CONQUISTARÉ EL MUNDO!
SpRITZ!

HOMER, USTED PARECE UN HOMBRE INTELIGENTE, ASÍ QUE SERÉ FRANCO CON USTED. ¡REPRESENTO A UNA COMPAÑÍA DE SOFTWARE DEL ESTE Y NOS GUSTARÍA COMPRAR SU EMPRESA!
¿CÓMO SE LLAMA SU COMPAÑÍA?
"CALZONCILLOS MUY CÓMODOS Y TAMBIÉN MODEMS". REALMENTE, TRADUCIDO QUEDA MUY MAL.
LO SIENTO, NO ME INTERESA. ¡ESOS FRIKIS CONFIARON EN MÍ!

BUENO, ÉSTE ES EL CONTRATO. ¡PIENSO ESPERAR HASTA QUE ESTÉ LO BASTANTE BORRACHO PARA FIRMARLO!
ESO NO PASARÁ. ¡SÓLO TENGO DIEZ PAVOS!

¿HE DICHO QUE ESTA NOCHE PAGA LA CASA?
¿A TODOS?
CLARO. UN AMIGO DE HOMER ES COMO SI FUERA DE LA FAMILIA.

LA PELÍCULA DE CIENCIA-FICCIÓN DE TROY McCLURE ESTÁ A PUNTO DE ESTRENARSE.
AZTEC
Entrada gratis: Troy McClure
en
SATURNFORCE 3000
HE LEÍDO EN LA PÁGINA WEB DE FILMGORIA QUE LA HAN FILMADO EN DOS SEMANAS.
PUES YO, QUE LA HAN TERMINADO ESTA MAÑANA.

¿Y EL SONIDO?
¡NO SE OYE!

¡JA! ¡QUÉ IDIOTAS! TODO EL MUNDO SABE QUE EN EL ESPACIO NO SE TRANSMITE EL SONIDO.
MENOS MAL QUE ME DI CUENTA EN EL MONTAJE.

BIEN, LARRY, ESTE DEVOL-O-RAYO FUNCIONÓ CONTIGO. ¡RUMBO A LA GALAXIA DE ANDRÓMEDA! ¡LE DAREMOS AL DR. NEPTUNO UNA RACIÓN DE SU PROPIA MEDICINA ESPACIAL!

¡VAMOS, LLEGAD DE UNA VEZ!
¡USAD LA VELOCIDAD DE LA LUZ, O ALGO ASÍ!

¿NO SABEN QUE ES IMPOSIBLE VIAJAR MÁS RÁPIDO QUE LA LUZ SIN CONSEGUIR MASA INFINITA Y PROVOCAR UN AGUJERO NEGRO?
HABLANDO DE AGUJEROS NEGROS, MIRA EL PÚBLICO.

¡INCREÍBLE! ¡UN ÉXITO! ¡YUPIII!

¡EXCELENTE TRABAJO, BENJAMIN! CON TU FINANCIACIÓN Y TU APOYO CIENTÍFICO HEMOS CREADO UN COCHE QUE NO SÓLO ES **COMESTIBLE**, SINO UN PARABRISAS QUE HACE QUE EL CONDUCTOR PAREZCA 500 **VECES MÁS GUAPO** DE LO QUE ES.

SÓLO SOY UN ALUMNO DE QUINTO DE FÍSICA, ¿SABE?, PERO LO QUE HA ESCRITO EN LA PIZARRA Y EN SUS NOTAS NO TIENE NINGÚN SENTIDO PARA MÍ.
-**GAAH**- MI CIENCIA SE BASABA EN LA FE Y NO EN LAS LEYES FÍSICAS. ¡Y TÚ HAS **PERDIDO** ESA FE!

¡EL LABORATORIO SE **DESINTEGRA**!
OH, PERDÓN.
¡MENOS PERDONES Y MÁS CORRER!

¡TODO MI **TRABAJO** -GA-HAH-, TODOS MIS **SUEÑOS** -AH.ET- DESAPARECIDOS!
ERES EL **ROBOT**, ¿VERDAD?

UM, SÍ. MI AMO SE MARCHÓ EN CUANTO SURGIÓ EL PRIMER PROBLEMA.
EN LA PARTE POSITIVA, SI ESTÁS **HERIDO** TENGO INSTRUCCIONES DE PRESERVAR TU CEREBRO VIVO EN ESTA JARRA.

Y SI EL TARRO SE ROMPE, EN ESTA BOLSA DE PAPEL.

¡AAAAAAAH!
NO LO ENTIENDO. CUANDO SE ACERCA A UN ORDENADOR, LO CORTOCIRCUITA.
BZZZZZZZZZZZZZ!
YO PUEDO EXPLICARLO.

LA CONSTANTE EXPOSICIÓN DEL SEÑOR BURNS A LA RADIACIÓN LE HA DADO UNA PULSACIÓN ELECTROMAGNÉTICA... LA *ÚNICA* QUE TIENE DESDE LOS AÑOS 60.
MONTY NO PUEDE ACERCARSE A UNA **CALCULADORA** SIN DESTRUIRLA.

GARY, PARECE QUE AL FIN Y AL CABO NO NECESITO TUS SERVICIOS. SMITHERS, SUELTE LOS PERROS.
UH... LOS PERROS HAN VUELTO A CASA, SEÑOR.

¡ARF, ARF! ¡GRRRR! ¡GUAU, GUAU!

EN MOE'S...
SÍ, SEÑOR. TENEMOS UN PROBLEMA. HOMER Y BARNEY ESTÁN BEBIENDO MÁS DE LO QUE PREVEÍAMOS.
¿*CUÁNTO* MÁS? BUENO, ESTE AÑO NO NOS VEREMOS EN LA LISTA DE *FORBES*.

NO, QUIERO DECIR QUE TENDREMOS QUE ANULAR LA SUSCRIPCIÓN A LA REVISTA. ¡ESPERE, YA LO LLAMARÉ!
BARN, TENGO QUE IR A MEAR. TE CEDO MI PODER DE REPRESENTACIÓN MIENTRAS ESTOY OCUPADO.
CONFÍA EN MÍ... ¡BUUUUUUUURP!

¡EXCELENTE!
SEÑOR GUMBLE, ¿LE IMPORTA FIRMAR ESTO?
TODO POR UN FAN. Y NO DEJES EL COLEGIO.

OS ESTOY DICIENDO QUE LO SIENTO: DEJÉ QUE BARNEY VENDIERA VUESTRA COMPAÑÍA MULTIMILLONARIA POR UNOS CACAHUETES.
¿CUÁNTO CONSIGUIÓ?
OS LO HE DICHO: UNOS CACAHUETES.

¿NO LOS DAN GRATIS?
BUENO, BARNEY NUNCA HA SIDO TAN BUENO COMO *YO* NEGOCIANDO.
NO IMPORTA, SEÑOR SIMPSON. "CALZONCILLOS MUY CÓMODOS Y TAMBIÉN MÓDEMS" NOS HA CONTRATADO COMO DISEÑADORES DE SOFTWARE.

PERDIERON UN MONTÓN DE DINERO, ASÍ QUE SÓLO NOS DAN ALOJAMIENTO Y MATERIAL. ¡NOS HAN *ENCONTRADO* ESTE PRECIOSO LUGAR!
SPACE MUTANTS 5

LA VIDA FÁCIL NO ERA PARA NOSOTROS. FUE COMO CUANDO ***TASHA YAR*** DEJÓ ***LA NUEVA GENERACIÓN*** E HICIERON A ***WORF*** JEFE DE SEGURIDAD Y A ***RIKER*** LE CRECIÓ LA ***BARBA***.
DEMASIADO Y DEMASIADO RÁPIDO.

SPACE MUTANTS 5
FIRMAMOS UN CONTRATO DE 75 AÑOS. ¡ESTAREMOS EN ESTA HABITACIÓN ***PARA SIEMPRE***!

PERO NOS QUEDA ALGO DE CUANDO ÉRAMOS MILLONARIOS.

¡KRUSTYS CON ***TRIPLE*** DE CREMA! ¡LA LEYENDA ES CIERTA!
FIN.

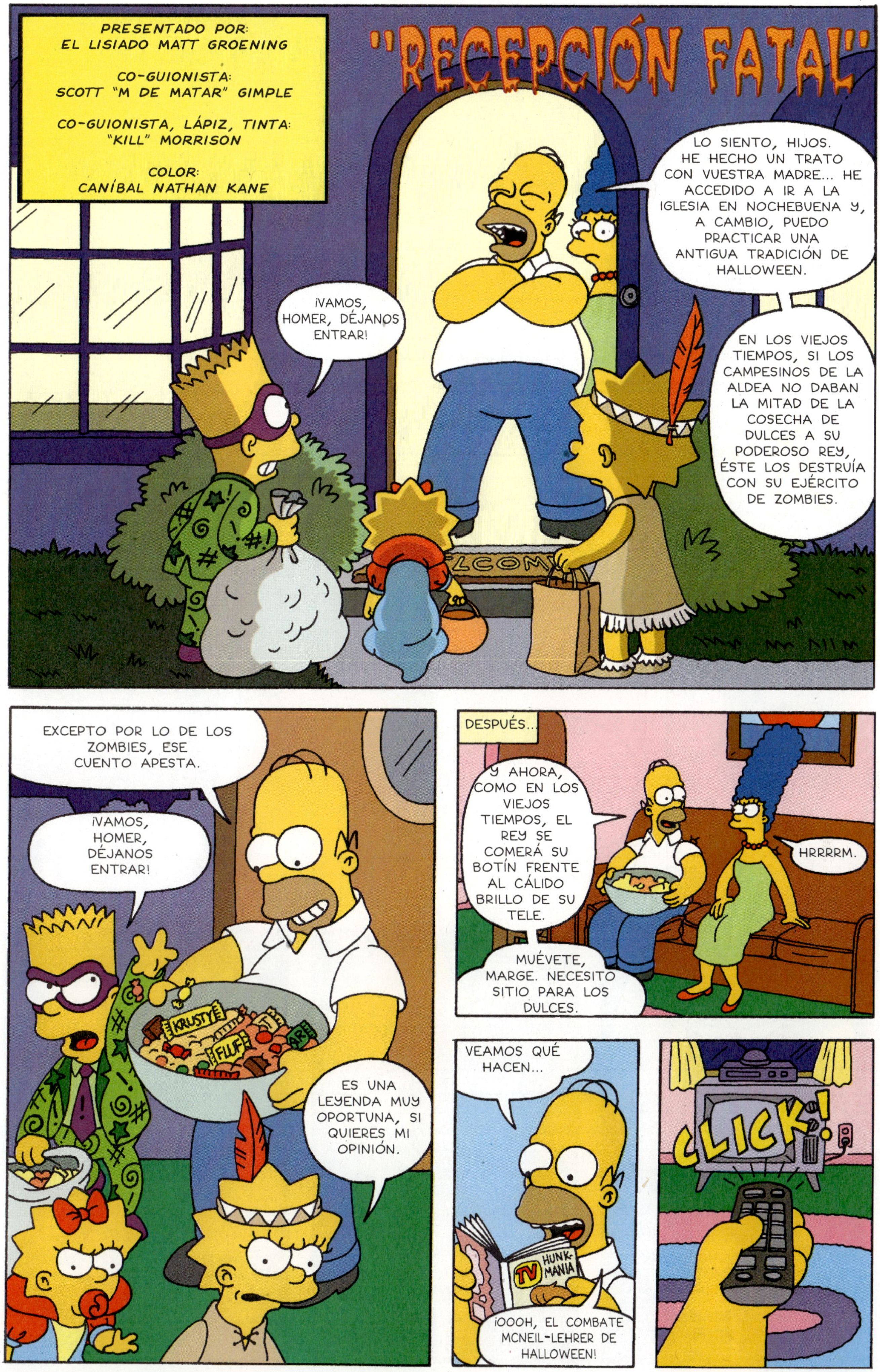

PRESENTADO POR:
EL LISIADO MATT GROENING

CO-GUIONISTA:
SCOTT "M DE MATAR" GIMPLE

CO-GUIONISTA, LÁPIZ, TINTA:
"KILL" MORRISON

COLOR:
CANÍBAL NATHAN KANE

"RECEPCIÓN FATAL"

LO SIENTO, HIJOS. HE HECHO UN TRATO CON VUESTRA MADRE... HE ACCEDIDO A IR A LA IGLESIA EN NOCHEBUENA Y, A CAMBIO, PUEDO PRACTICAR UNA ANTIGUA TRADICIÓN DE HALLOWEEN.

¡VAMOS, HOMER, DÉJANOS ENTRAR!

EN LOS VIEJOS TIEMPOS, SI LOS CAMPESINOS DE LA ALDEA NO DABAN LA MITAD DE LA COSECHA DE DULCES A SU PODEROSO REY, ÉSTE LOS DESTRUÍA CON SU EJÉRCITO DE ZOMBIES.

LCOM

¡EY! ¡NO ES MCNEIL NI LEHRER, ES ALGO MUCHO MEJOR!

¡QUÉ DIA...? ¡YAAAGGGH!

HACK!
HACK!
HACK!
HACK!
HACK!
¡NO! ¡NO! ¡NO PUEDE ESTAR PASANDO! ¡ALGÚN PSICÓPATA ESTÁ MUTILANDO ESA DULCE E INOCENTE ROSQUILLA!

TENGO QUE CAMBIAR DE CANAL... ¡DEPRISA!
CLICK!

Col. Krusty's
LARD FRIED CHICKEN
Col. Krusty's
¡AH!, UN ANUNCIO DE LOS PEDAZOS DE POLLO FRITOS DEL CORONEL KRUSTY... ¡CON FORMA DE POLLO DE VERDAD!

Col. Krusty's
LARD FRIED CHICKEN
Col. Krusty's
¡HUESOS! ¡SÓLO HUESOS!
¡YEEEK!

¡POR FAVOR, MARGE! HAZ... ALGO... ¡QUE PAREN...!
CALMA, HOMER. LLAMARÉ AL TÉCNICO.

Duff
BEER
-GLUB- ¡UN ANUNCIO DE CERVEZA! ¡POR FIN UN POCO DE CORDURA!

SKREET!
SKREET!
SKREET!
-UGH- ¡DIOS SANTO!

¡¡EEEYAAAH!!

DESPUÉS...
BUENAS NOCHES, SEÑORA SIMPSON. HE VENIDO EN CUANTO HE PODIDO.
FRINKS
REPARACIÓN DE TV
FRINK

MMMM... BIEN, SEÑOR SIMPSON, PARECE QUE ESAS EXTRAÑAS TRANSMISIONES NO VIENEN DE NINGUNA CADENA QUE CONOZCA...
...¡NI SIQUIERA LA *WB*!
ESTE APARATO DISEÑADO POR MÍ... -AH. HUM. HOO. EY-... RASTREARÁ Y AISLARÁ EL ORIGEN DE LA SEÑAL.

NECESITO UTILIZAR EL EQUIPO DE MI CAMIONETA PARA LOCALIZAR LA EMISORA... ¡ENTONCES, SABRÉ COMO INTERRUMPIR LA SEÑAL!
¡DEPRISA, POR EL AMOR DE DIOS!
CAPTO ALGO... YU JÚ... ¡GASP!

RRRIIING!

¡SEÑOR SIMPSON, LA SEÑAL VIENE DE UNA CONEXIÓN EN DIRECTO! ¡SALGA DE LA CASA!
¡EL PROGRAMA SE EMITE DESDE DENTRO DE SU CASA!
¿QUÉ?

¡AAAAAAG!

¡¡LOS DULCES ESTÁN EMPAPADOS DEL SUDOR DE PAPÁ, PERO AÚN ESTÁN BUENOS! ¡FELIZ HALLOWEEN, TÍO!
Col. Krusty's
VID-CAM
¡FIN!

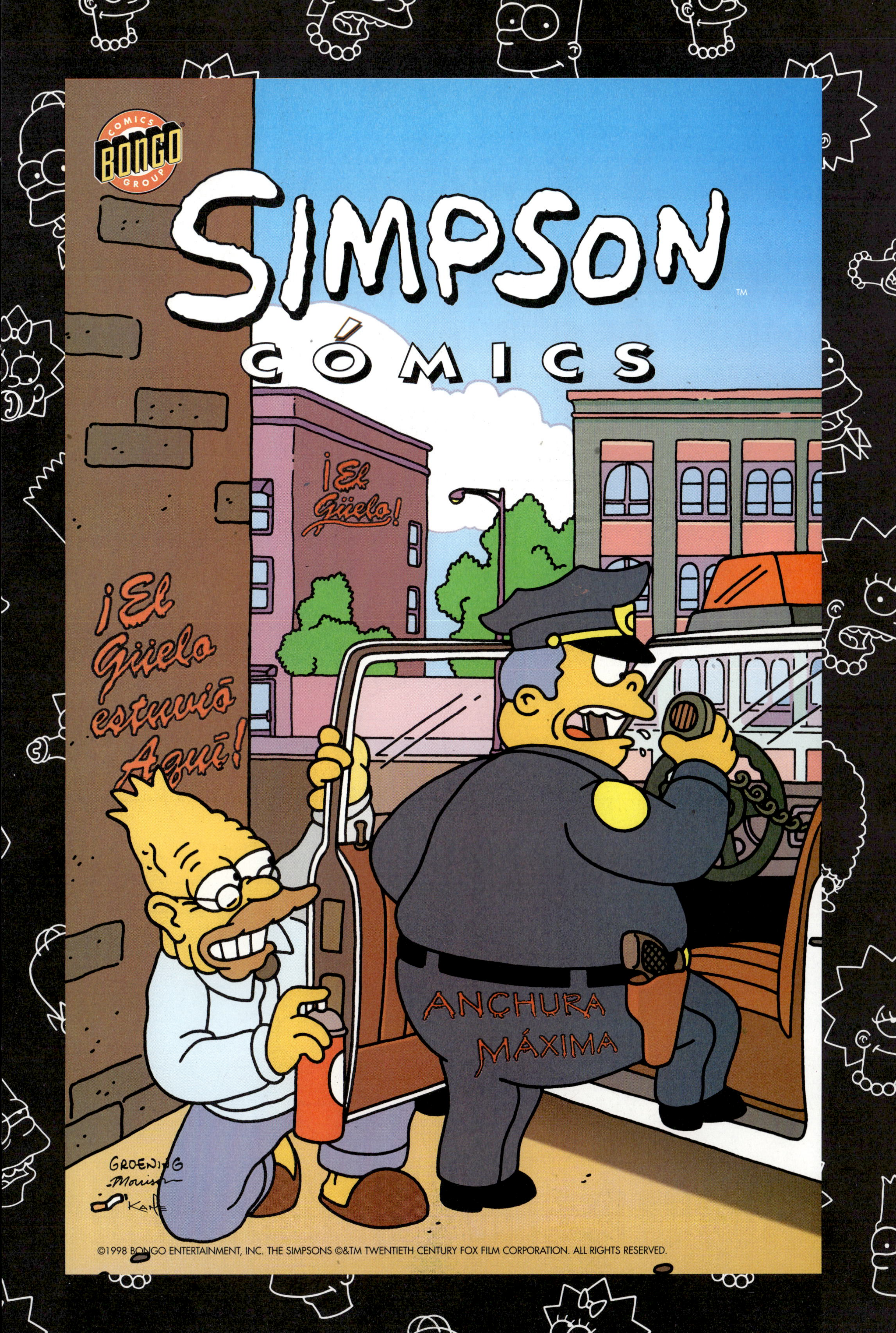
BONGO COMICS GROUP
SIMPSON CÓMICS
¡El Güelo!
¡El Güelo estuvió Aquí!
ANCHURA MÁXIMA
GROENING
Morrison
Kane

Imprime Lífusa, S.L. - Depósito legal: B. 17.417 - 1996

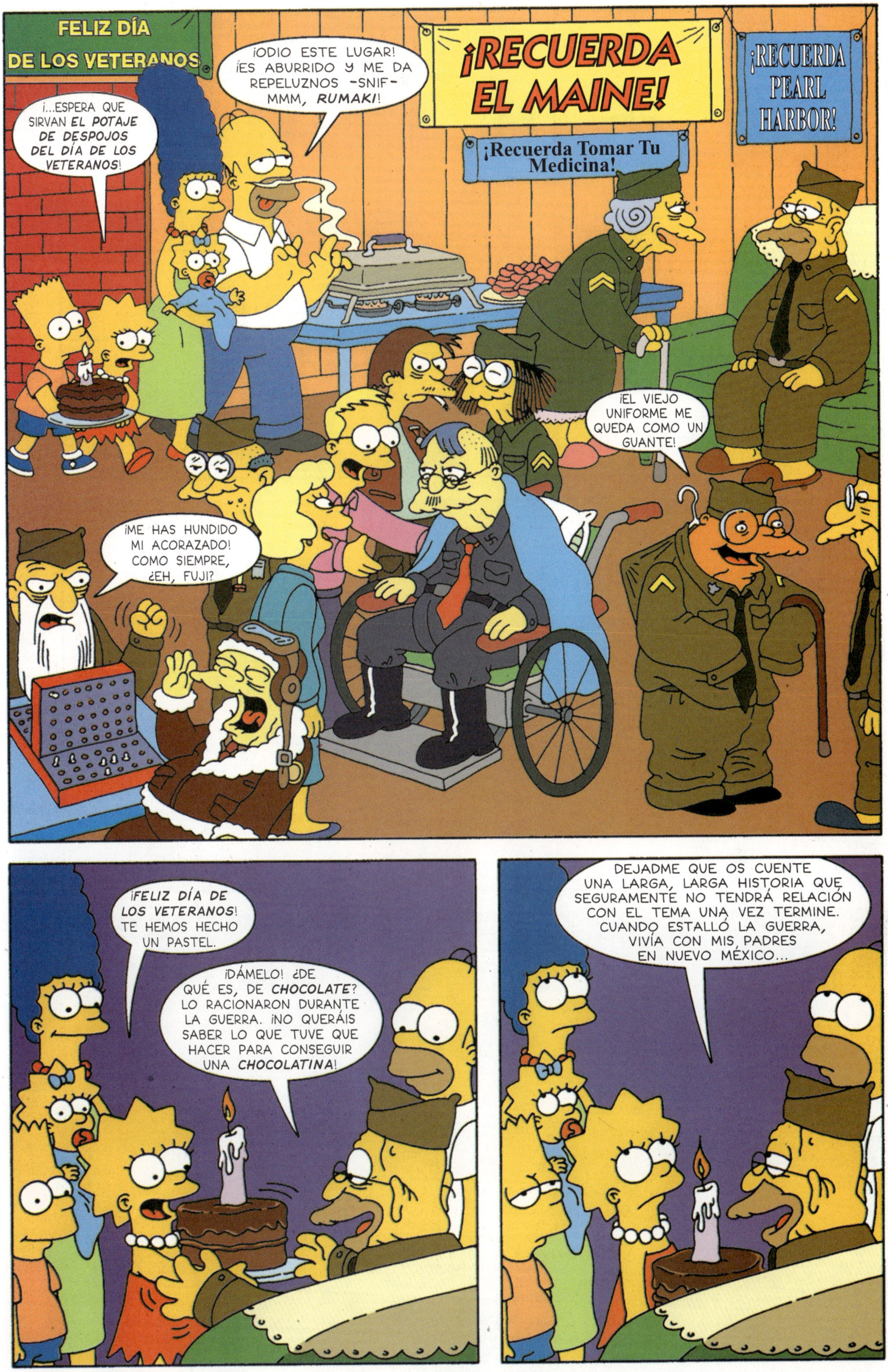

FELIZ DÍA DE LOS VETERANOS
¡...ESPERA QUE SIRVAN EL *POTAJE DE DESPOJOS DEL DÍA DE LOS VETERANOS*!
¡ODIO ESTE LUGAR! ¡ES ABURRIDO Y ME DA REPELUZNOS -SNIF- MMM, *RUMAKI*!
¡RECUERDA EL MAINE!
¡RECUERDA PEARL HARBOR!
¡Recuerda Tomar Tu Medicina!
¡EL VIEJO UNIFORME ME QUEDA COMO UN GUANTE!
¡ME HAS HUNDIDO MI ACORAZADO! COMO SIEMPRE, ¿EH, FUJI?

¡HAN REALIZADO UN ATAQUE SORPRESA SOBRE NUESTRA BASE NAVAL DE PEARL HARBOR! ¡Y AHORA, UN IMPORTANTE MENSAJE DE NUESTRO PATROCINADOR!
AMIGOS, CUANDO OS SINTÁIS ABATIDOS, NADA COMO UNA DOSIS DE *RECONSTITUYENTE WESTPHAL* PARA ANIMAROS.
¡LA GUERRA CAMBIÓ MI VIDA PARA SIEMPRE!

ME VI INMERSO EN LOS HORRORES DE LA GUERRA, PERO CUMPLÍ CON MI DEBER.
THOOM! THOOM!
NECESITO ESAS PATATAS PELADAS A LAS 17.00 HORAS. DOY UNA CENA PARA *LUPE VÉLEZ,* LA BOMBA LATINA.

EL ALMIRANTE "TORO" HALSEY EN PERSONA DIJO QUE MIS PATATAS O'BRIEN ELEVABAN EL ÁNIMO DE LAS TROPAS.

COMO HÉROE DE LA GRAN GUERRA, HABLÉ EN EL CONGRESO.

AUNQUE EL COCHE ES UN AVANCE PARA NUESTRA SOCIEDAD, RECOMIENDO QUE ANTES DE 1950 ESTABLEZCAMOS *ESTRICTOS CONTROLES DE GASES* Y EXIJAMOS *AIR-BAGS* EN TODOS LOS MODELOS. TAMBIÉN CREO QUE LA ACTUACIÓN DE FRANCIA EN VIETNAM LE TRAERÁ PROBLEMAS...

FUE LA PRIMERA VEZ QUE FUI IGNORADO...
MMM, RUMAKI. HÍGADO, Y BACON, Y...
CARTAS AL EDITOR RESÚMEN
DESDE ENTONCES, SIEMPRE HE SIDO PERSISTENTE Y ENÉRGICAMENTE IGNORADO.
El Barto
PERO ESO VA A CAMBIAR...
YA POR LA NOCHE...
NECESITO AHOGAR MIS PENAS. QUIERO FOSFATO LAWSON SABOR FRESA.
ES UN PRODUCTO QUE ESTAMOS EN PROCESO DE NO SEGUIR PIDIENDO.
ENTONCES, UNA CAJA DE JABÓN DE ALQUITRÁN DEL DR. GOLEM Y RECONSTITUYENTE WESTPHAL.
¡POR LOS OCHO BRAZOS DE KALI-LA-DESTRUCTORA-DE-MUNDOS, AMIGO, ¿DE QUÉ ESTÁ HABLANDO?!
¡RECONSTITUYENTE WESTPHAL! ¡HE ESCRITO DOCENAS DE CARTAS A TU COMPAÑÍA PIDIÉNDOLES QUE LO VENDAN! ¡DA ENERGÍA Y VITALIDAD!
BAM!

BUENO, SEÑOR, ÉSE ES SU PROBLEMA. PARA EMPEZAR, YA NADIE LEE CARTAS. TIENE QUE ACTUALIZARSE, POR JÚPITER. PÓNGASE AL DÍA Y NAVEGUE...
TRY

...¡POR INTERNET!
www.apu.com
¡PULSE AQUÍ PARA VER MIS CICATRICES!
ASÓMESE A LA TIERRA PROMETIDA: UN DIARIO DE EL BADULAQUE.
ÁLBUM DE FOTOS:
RAMO DE NOVIA: SELMA Y EDNA A BRAZO PARTIDO POR CONSEGUIRLO.
AMIGO DE LA FAMILIA, HOMER SIMPSON, INCONSCIENTE Y SANGRANTE.
YO, ENTRANDO A MI ESPOSA EN BRAZOS AL BADULAQUE.
¡Película Quicktime de mí recibiendo un tiro!
DINK!

¿INTERNET?... ¡BAH! NO TENGO TIEMPO PARA ESAS MODERNECES. ¡NO PIENSO SEGUIR ESCUCHANDO TU VERBORREA!
BUZZ COLA
www.apu.com

¡APU TIENE RAZÓN! ¡MI SISTEMA ES TAN ANTIGUO COMO LOS PRESIDENTES CON BARBA!
JIMBO ESTUVO AQUÍ PINTANI ESTE
El Barto

¡VAYA, SERÁ...! ¡NO ME *PINTES*!
PSSST!

¡**ESO ES**! ¡YA SÉ CÓMO ENVIARÉ MIS MENSAJES! ¡QUE TIEMBLE EL MUNDO!

NO RECUERDO DÓNDE VIVO.

EN LAS GALERÍAS COMERCIALES...
YA ESTÁS MARCHITO
ROPA PARA LOS CABALLEROS ENFERMOS, DÉBILES Y DECRÉPITOS
NECESITO ROPA MUY ESPECIAL...
¡EN VENTA!

NO ME GUSTA NINGUNA. ME HARÉ ALGO YO MISMO.

TUG! TUG!

YANK!

¡ATENCIÓN A **EL GÜELO**! ¡CONTÉMPLAME Y DESESPERA, OH MUNDO!

ESTAR ERGUIDO ES AGOTADOR. MEJOR ECHO UNA CABEZADITA.

MÁS TARDE...
¡BASTA DE ESCLAVIZARSE AL LEVIATÁN INDUSTRIAL!
(Y FABRICAD RECONSTITUYENTE WESTPHAL)
El Güelo
ALMACÉN DE DISTRIBUCIÓN DE SPRINGFIELD
¡CIELOS, ALGUIEN MISTERIOSO TIENE UN IMPORTANTE MENSAJE QUE TRANSMITIR! REPITO: "¡CIELOS!".

¡OH, RAYOS, VA POR NOSOTROS!
KOPOS KRUSTY KRUNCH SABOR A MAIZ
¡BASTA DE ESTAFAR CON EL PESO DE LOS PAQUETES!
El Güelo

TARDÉ MUCHO TIEMPO EN PENSAR LOS TEXTOS DE MIS PINTADAS Y AHORA HAN PINTADO ENCIMA. ¡YA NO SE LEEN, TÍO, NO SE LEEN!
QUIEN A PINTADA *VIVE*, A PINTADA *MUERE*. TRANQUI, TÍO.
¡BASTA DE GAMBERROS!
"El Güelo"
HAW HAH!

¡EL GÜELO ATACA DE NUEVO!

ESTOY HELADO Y NINGUNO DE MIS ÓRGANOS VITALES HACE LO QUE DEBERÍA.

EL GÜELO SIGUE CON SUS PINTADAS, UNA AMENAZA PARA LA SOCIEDAD QUE RIVALIZA **CON JACK EL DESTRIPADOR, AL CAPONE, UNABOMBER** Y EL **SINIESTRO SIMON BAR** QUE, AUNQUE ES UN DIBUJO ANIMADO, PROVOCA A LOS NIÑOS EL MISMO SUFRIMIENTO QUE TODOS SOPORTAMOS DIARIAMENTE.
¡DEJAD DE HACER ESE RUIDO INFERNAL! El Güelo

LOS EXPERTOS HAN DEDUCIDO QUE NO ES OBRA DEL TÍPICO GAMBERRO JOVEN DISFUNCIONAL, SINO DE UN DEMONIO LISTO Y CALCULADOR DE LA TERCERA EDAD.

¡NO PUEDO CREER QUE LE DEN TANTA PUBLICIDAD A ESE ADVENEDIZO! ¡**OBVIAMENTE** ES UN AFICIONADO! ¡MIRAD ESA PINTADA! HA NECESITADO TODO EL FUSELAJE, Y FIJAOS CUANTAS **GOTAS** SUELTAS... Y EN LA FALTA DE **TACOS**.

¡NO QUISIERA SONAR PANFLETARIO O INCENDIARIO, PERO LA SOLUCIÓN OBVIA ES REUNIR A TODOS LOS QUE PASEN DE 70 AÑOS Y DARLES UNA RÁPIDA MUERTE!

MMM... NO ME GUSTA QUE NADIE SEA FAMOSO POR ATENTAR CONTRA LA PROPIEDAD... EN REALIDAD NO ME GUSTAN LOS FAMOSOS, PUNTO, PERO CREO QUE ES UNA SOLUCIÓN UN POCO DRÁSTICA.
VAMOS, MARGE. MATARLO SERÍA LO **MEJOR** PARA ÉL. LE DARÍA UN INCENTIVO.

MONSTRUO GERIÁTRICO ATERRORIZA A LA CIUDAD... ESPERA QUE **YO** ACTÚE Y VERÁS.

EN DIRECTO DESDE LA ESCUELA ELEMENTAL DE SPRINGFIELD, RETRANSMITIENDO LA RUEDA DE PRENSA DEL JEFE WIGGUM.
A PUNTO DE CELEBRARSE LAS 500 MILLAS DE SPRINGFIELD, QUIERO DECIRLE A "EL GÜELO" QUE SUS PINTADAS NO ESTROPEARÁN ESTE MAGNO ACONTECIMIENTO.

Y COMO LA POLICÍA DE SPRINGFIELD SE SIENTE COMPLETAMENTE INCAPAZ DE DETENERLO, LO QUE HAREMOS SERÁ BORRAR LAS PINTADAS. LO SIGUIENTES ACUSADOS DE APARCAR ILEGALMENTE SERÁN CASTIGADOS A LIMPIAR LAS PINTADAS. POR ORDEN ALFABÉTICO: SAMPSON, HOMER Y SIMPSON, HOMER.

¡OUCH!

CORRECCIÓN: FUE UN ERROR TIPOGRÁFICO. LOS DOS NOMBRES SON SIMPSON, HOMER Y SIMPSON, HOMER.
¡OUCH! ¡OUCH!

¡SE ACABÓ! ¡EL GÜELO SE LO HA BUSCADO! ¡YO DESCUBRIRÉ QUIÉN ES!
¿CÓMO?

¡ELEMENTAL, MI QUERIDA LISA! ¡DE ESCUELA ELEMENTAL!
EL LIBRO DEL VANDALISMO POR BART SIMPSON

Y...
¡EY, CHICOS!
¡CORTAD EL ROLLO!
El Güelo

¡PREMIO!

ROJO PREMIO
Nº 0294
TIENDA ACME

DESPUÉS...
NECESITO DIEZ LATAS DE AZUL NEWCASTLE Y DIEZ LATAS DE ROJO PREMIO.
¿QUÉ DIA...? ¡EL ABUELO TRABAJA PARA EL GÜELO!
¡OH, CIELOS! ¡OH, DIOS!
THINGA-MAJIGS
$2.69 lb

EL GÜELO ALARMA
FALSA ALARMA

¡A TODAS LAS PATRULLAS! HA SONADO LA ALARMA EN EL 1563 DE ROSEMONT. VELOCIDAD DE UN HOMBRE NORMAL, 6 KM/H. ¡NOMBRE DEL FUGITIVO: EL GÜELO!

ABIERTO
VENTA
HORA DE ECHAR UN TRAGO
Duff
CERVEZA Duff

ABIERTO
WEEEEEOOOOO
HORA DE ECHAR UN TRAGO
Duff
CERVEZA Duff

ABIERTO
VENTA
NOS HA DADO ESQUINAZO, AMIGOS. ES UN DEMONIO SURGIDO DEL INFIERNO.
S.W.A.T.
S.W.A.T.
HORA DE ECHAR UN TRAGO
Duff
CERVEZA Duff

ANOCHECE. HORA DE PONERME EL UNIFORME.

SEÑORA, ¿PODRÍA TIRAR DE MI COSA?
¡NI AUNQUE FUERA EL ÚLTIMO HOMBRE SOBRE LA TIERRA, MATUSALÉN!

Y...
DIGO ENSERIO EL GÜ
EL GÜELO, SUPONGO.

¡AGHHH! ¿QUIÉN...? ¡CASI ME TRAGO LA DENTADURA!
¿ABUELO? ¿ERES TÚ?
NO PUEDO CREERLO... HAS MATADO AL GÜELO Y LE HAS ROBADO EL TRAJE, ¿NO?

¡NO, SOY EL GÜELO ORIGINAL, EN CARNE Y ARRUGAS! ¿IMPRESIONADO?
¡PUES CLARO! ¡AHORA SE DE DONDE VIENE MI PARTE ANTISOCIAL! ¿PUEDO IR CONTIGO?
DEMASIADO PELIGROSO. NO PUEDES SEGUIRME ALLÍ DONDE VOY. NO QUIERO INVOLUCRARTE EN LO QUE ESTOY HACIENDO.
NO HAY MÁS QUE VER... QUE YO... MONTÓN DE JUDÍAS... HE OLVIDADO QUÉ ESTABA DICIENDO.

PERO, ABUELO, QUIERO IR CONTIGO. AYUDARTE A AFRONTAR EL PELIGRO. TE QUIERO, ABUELO... Y SI NO ME LLEVAS CONTIGO, TE DENUNCIARÉ EN MENOS QUE CANTA UN GALLO.
¡ME AMENAZA CON HACER CAER EL PESO DE LA LEY SOBRE MÍ!... ¡ESO SIGNIFICA QUE ME RESPETA!
VALE. ENTONCES, EN MARCHA.

Y ASÍ NACE LA PAREJA MÁS PROLÍFICA DE LA HISTORIA DE LAS PINTADAS... ¡EL BARTO Y EL GÜELO!
EL GÜELO Y EL BART
El Güelo Y El Barto
3407
El GÜELO
El Güelo EL BARTO
üelo

HOLA A TODOS, ÉSTE ES MI NIETO. ¡HA VENIDO A VISITARME SIN QUE LO **OBLIGUEN**!
CLARO, SIMPSON... ¿TE CREES ESPECIAL PORQUE TIENES UN PARIENTE QUE NO HACE VER QUE ESTÁS MUERTO? BUENO, ESPERA A MI CUMPLEAÑOS, CUANDO MI HIJO ME ENVÍE UN CALENDARIO. YA NO PRESUMIRÁS TANTO.

OYE, ABUELO, VUELVE A CONTARME CÓMO PINTASTE LA CASA DEL **ALCALDE QUIMBY**.
NO PINTÉ LA CASA DE **QUIMBY**, SINO A QUIMBY. AHORA TE INTERESAN MIS BATALLITAS, ¿EH?
ES QUE AHORA SON MEJORES. ANTES, TU BATALLITA MÁS EMOCIONANTE ERA HABER SALUDADO A UN TIPO LLAMADO **ADLAI STEVENSON** DURANTE UN DESFILE.

EL GÜELO SIGUE LIBRE, ASÍ QUE HE ORDENADO RASTREAR TODA LA CIUDAD PARA APRESAR AL FUGITIVO.

BUSCAREMOS INTENSAMENTE EN TODAS LAS **PERRERAS**, **GALLINEROS**, **INVERNADEROS** Y **CASAS** DE SPRINGFIELD. YO ME ENCARGARÉ PERSONALMENTE DE LOS **RESTAURANTES**, LAS **CAFETERÍAS DE TORTITAS** Y LOS DEMÁS ESTABLECIMIENTOS DE AMBIENTE FAMILIAR O AQUELLOS CUYOS MENÚS TENGAN UNA **MÁSCARA DE PIRATA**.

¡**WIGGUM**! ¡NO ARRESTARÍA NI A UNA **TORTUGA MUERTA**!
PARECE QUE EL CERCO SE ESTRECHA. BUENO, CREO QUE NUESTRO REINADO DE TERROR HA TERMINADO. VOLVERÉ A LA BATALLITA DE **ADLAI STEVENSON**. CONDUCÍA UN DESOTO DEL 49. ME SALUDÓ, GRANDE COMO UNA CASA.
¡PERO, ABUELO, AÚN NO TIENES TU **RECONSTITUYENTE WESTPHAL**! ¡HAGAMOS UNA PINTADA MÁS Y TERMINEMOS CON UNA **EXPLOSIÓN** DE **GLORIA** AUTODESTRUCTIVA!

ES DEMASIADO **PELIGROSO**. PODRÍAN PILLARME Y ME PASARÍA EL RESTO DE MI VIDA **ENCERRADO Y CONTROLADO**.

¡A DORMIR EN 5 MINUTOS, GRUÑONES DE PELO GRIS! ¡Y NADA DE AGUA PARA LOS MEONES!

¡AH, TIRANO! ¡QUIERO MI RECONSTITUYENTE WESTPHAL! HAREMOS UNA PINTADA MÁS Y TERMINAREMOS CON UNA EXPLOSIÓN DE GLORIA AUTODESTRUCTIVA... ¡SI TIENES AGALLAS, CHICO!
ABUELO, ACABO DE DECIRLO...
¡SILENCIO Y EN MARCHA! ¡YA SÉ LO QUE HAREMOS!

MÁS TARDE, EN EL CIRCUITO INTERNACIONAL DE SPRINGFIELD...
BIENVENIDOS A LAS 500 DE SPRINGFIELD Y AL EMOCIONANTE ESPECTÁCULO DE ANUNCIOS DE CERVEZA Y CIGARRILLOS LANZADOS A VELOCIDADES SUICIDAS, OFRECIENDO UN ESPECTÁCULO QUE ROMPE LOS TÍMPANOS Y, SI TENEMOS SUERTE, ALGUNOS ACCIDENTES QUE ANIMEN EL COTARRO.
LARAMIE Seniors CIGARRILLOS
Cuando tu próximo cigarrillo puede ser el último, fuma un Laramie Senior!
NUNCA TE HARTARÁS DE LA MARAVILLOSA
Duff
6

NO APAREZCAS, GÜELO... NO APAREZCAS, GÜELO...
CERVEZA
PINTURA ANTI-PINTADAS

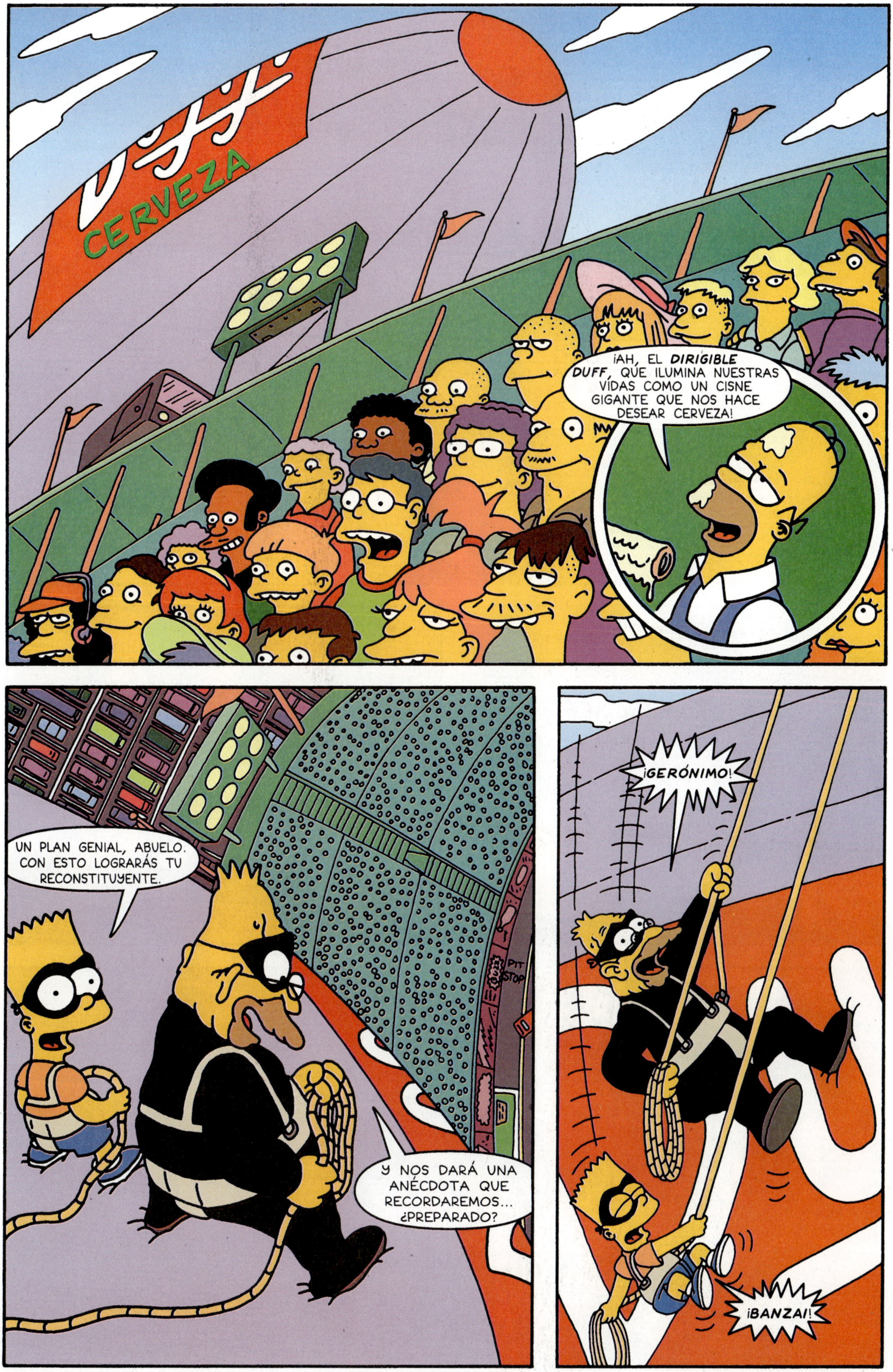

CERVEZA
¡AH, EL **DIRIGIBLE DUFF**, QUE ILUMINA NUESTRAS VIDAS COMO UN CISNE GIGANTE QUE NOS HACE DESEAR CERVEZA!

UN PLAN GENIAL, ABUELO. CON ESTO LOGRARÁS TU RECONSTITUYENTE.
Y NOS DARÁ UNA ANÉCDOTA QUE RECORDAREMOS... ¿PREPARADO?

¡GERÓNIMO!
¡BANZAI!

CERVE

"FABRICAD EL RECONSTITUYENTE WESTPHAL". ¡VAYA, RECUERDO ESE PRODUCTO! ¡SIEMPRE ANIMABA MI VIDA CUANDO ME SENTÍA DEPRIMIDO!
PARA ESO YA TIENE MI "ZUMO DE LA ALEGRÍA KICKAPOO", SEÑOR.
¡QUIERO EL RECONSTITUYENTE! ¡LO QUIERO! ¡COMPRARÉ LA COMPAÑÍA QUE LO FABRICABA Y REANUDARÉ LA PRODUCCIÓN, BOCINERO!

HAY ESTÁ EL MALHECHOR, CHICOS. ¡DISPARAD A MATAR!

NO QUIERO LÍOS CON LOS ABOGADOS DE DUFF, ASÍ QUE INTENTAD NO DARLE AL... ¡OH, RAYOS!

CERVE
KA-CHOW!
SSSSSSSSSS

¡UAUH, MARICAS!
¡AAAAAIIIYEEEEE!

¡FABRICAD RECONSTITUYENTE WESTPHAL!
FWOOF!

¡OUCH! ¡LA HUMANIDAD!

SI SALIMOS DE ÉSTA VIVOS, TENDREMOS UNA GRAN ANÉCDOTA QUE EXPLICAR.
Y SI NO, CUANDO LA POLI ENCUENTRE NUESTROS ESQUELETOS RETORCIDOS Y ACHICHARRADOS LES PROVOCARÁN PESADILLAS Y SALDRÁN PERDIENDO.

¡FABRICA
RECONSTITU
WEST
CER

NINGUNA FUENTE ES LO BASTANTE SECA
CONVENIENTE
ENTREGA E INSTALACIÓN
CASTILLO PARA JUBILADOS SPRINGFIELD

SSSSSSSSSSSSSSS
RECONSTITUYE
WESTPHAL!
CERVEZA
SPLOOOSH!

¡NO TE MUEVAS, GÜELO!

¡POR FIN TE COGIMOS! SÓLO ERA CUESTIÓN DE TIEMPO.

NO PUEDEN ARRESTARLO. SÓLO LO HIZO PARA QUE LE PRESTARAN ATENCIÓN.

ES UNA BUENA FORMA DE QUE TU FAMILIA TE *VISITE*. NIÑOS ADORANDO A CRIMINALES.

SE HAN EQUIVOCADO DE HOMBRE. ¡EL GÜELO ***SOY YO***!

NO, EL GÜELO SOY YO.

NO, EL GÜELO SOY YO.

¡SI VAN A VENIR MIS NIETOS, EL GÜELO SOY YO!

¡YO SOY EL GÜELO!
¡EL GÜELO SOY YO, DICHO QUEDA!

¡CRIMINALES! ¡TODOS SON EL GÜELO! SÓLO PODEMOS HACER UNA COSA.
S.W.A.T.

¡MATADLOS A TODOS, CHICOS!
S.W.A.T.

...CUANDO UNO DE LOS POLICÍAS LE DIJO A WIGGY QUE TENDRÍA QUE LLENAR UN MONTÓN DE FORMULARIOS...
...DECIDIÓ NO DISPARARNOS Y NOS HIZO PELEAR COMO GLADIADORES GERIÁTRICOS PARA GANAR EL TÍTULO DE EL GÜELO. POR SUERTE, GANÉ YO.

¡ÉSTE ES EL RELATO DE CÓMO TU ABUELO SE CONVIRTIÓ EN EL GRANO DEL CULO DE LA SOCIEDAD! ¡DESAFIÉ A LA **MUERTE**! ¡ME **BURLÉ** DE LA **LEY**! ¡SEGUÍ DESPIERTO **MUUUCHO** DESPUÉS DE LA HORA DE IRME A LA CAMA!

GLUG! GLUG!
JUGO
JUGO
TEXTOS COMPLETOS
REVISTA
¡TODO PARA QUE CONTASEN CONMIGO Y NO ME IGNORASEN! TODO MERECIÓ LA PENA...

¡BUN-DA-BUP-TA!

¡TOMA, ABUELO!

¡UN **RECONSTITUYENTE WESTPHAL**! ¡EN NOMBRE DE WILFORD BRIMLEY, ¿DE DÓNDE...?!
VUELVEN A VENDERLO EN EL BADULAQUE. LO ENCONTRÉ EN LA SECCIÓN DE ARTÍCULOS EN POLVO DONDE LO PUSO PAPÁ.
RECONST WESTPHAL

GRACIAS, HIJO. ¿SABES?, TODO ESTO ME RECUERDA EL VIEJO ESLOGAN DE WESTPHAL: "¡NO IMPORTA SI TE VUELVES VIEJO Y TUS AMIGOS, PARIENTES Y GENTE EN GENERAL TE DAN DE LADO. SIEMPRE PUEDES ANIMARTE CON WESTPHAL!"
DISFRÚTALO.
LO HARÉ, CRÉEME. **LO HARÉ**.
¿TE CUENTO OTRA BATALLITA?
FIN

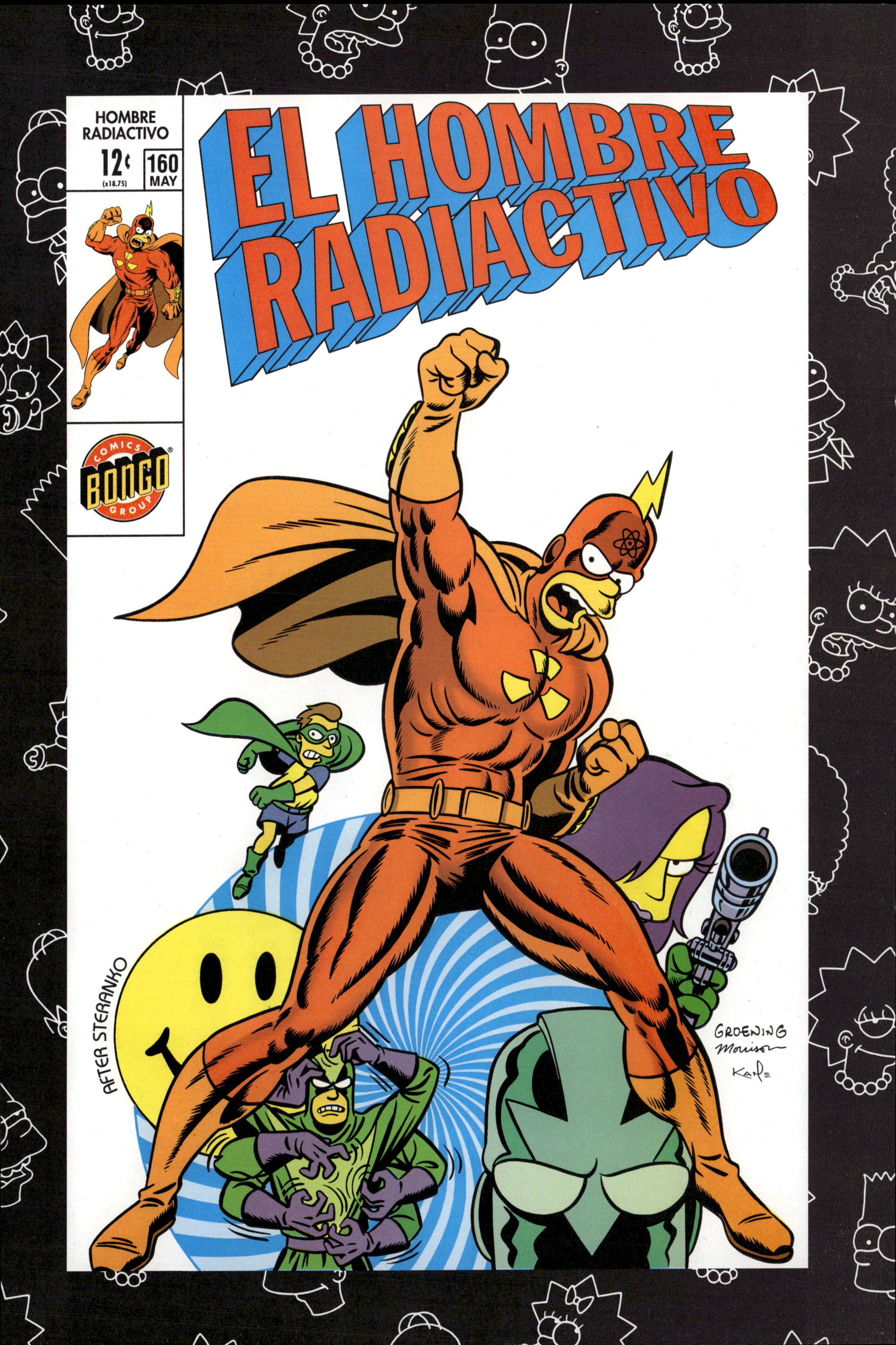
HOMBRE
RADIACTIVO
12¢
(x18.75)
160
MAY
EL HOMBRE
RADIACTIVO
COMICS
BONGO
GROUP
AFTER STERANKO
GROENING
Morrison
KANE

BUENAS NOCHES, DAMAS Y CABALLEROS. ESTA NOCHE, LA WZEN SE ENORGULLECE DE PRESENTARLES UN PROGRAMA MUY ESPECIAL SOBRE UN HOMBRE MUY ESPECIAL.
MIENTRAS LA CIUDAD DE ZENITH LLORA LA MUERTE DE SU MAYOR CAMPEÓN, LES INVITAMOS A UNIRSE A NOSOTROS Y HACER UNA PAUSA PARA REFLEJAR...
la vida heróica y la muerte mortificante de
EL HOMBRE RADIACTIVO
WZEN
SOY GLORIA GRAND, A MENUDO MENCIONADA COMO LA NOVIA DEL HOMBRE RADIOACTIVO. AUNQUE NOS CASAMOS ACCIDENTALMENTE VARIAS VECES, EN REALIDAD NUNCA TUVIMOS UNA CITA.
NO OBSTANTE, COMO LA MAYORÍA DE LOS ZENITHANOS, TAMBIÉN LO CONSIDERÉ MI GUARDIÁN, MI CAMPEÓN, INCLUSO MI AMIGO.
COMO PODEMOS VER EN ESTAS IMÁGENES DE ARCHIVO, GRABADAS LA ÚLTIMA VEZ QUE MURIÓ EL HOMBRE RADIOACTIVO, FUE INCANSABLE EN SU INTERMINABLE BATALLA CONTRA LOS VILLANOS QUE PLAGABAN NUESTRA PRECIOSA CIUDAD.
YA FUERA EN SOLITARIO O CON SU COMPAÑERO, EL CHICO RESIDUO NUCLEAR, EL CRUZADO IRRADIADO COMBATIÓ TODO LO QUE AMENAZASE NUESTRO ESTILO DE VIDA AMERICANO: COMUNISTAS, ALIENÍGENAS, ROBOTS GIGANTES, DESASTRES NATURALES, PACIFISTAS ANTI-NUCLEARES... ¡EL CABALLERO NUCLEAR LUCHÓ CONTRA TODOS Y LOS VENCIÓ!
GUIÓN ESTUPENDO: BILL Y KAYRE MORRISON
LÁPIZ PODEROSO: BILL MORRISON
ENTINTADO INVENCIBLE: STEVE STEERE, JR.
COLOR COLOSAL: NATHAN KANE
ROTULACIÓN LEGIBLE: CHRIS UNGAR
EDITOR ANIMOSO: MATT GROENING

NO OBSTANTE, LA MAYORÍA DE LAS VECES, SE ENFRENTÓ A UN INCESANTE DESFILE DE SUPERVILLANOS Y MENTES MAESTRAS CRIMINALES.
ENTRE SUS PEORES ENEMIGOS ESTABAN EL DR. CANGREJO, EL CRUSTÁCEO COMUNISTA, QUE VEMOS AQUÍ ANTES DE SU HORRIBLE MUTACIÓN CANGREJIL.
BAZAAP!
Y LA CAUTIVADORA CLEPTÓMANA CHICA RATERA, QUE INTENTÓ EN VANO DURANTE AÑOS ROBAR EL RADIACTIVO CORAZÓN DEL HÉROE.
¡CLUCK-CLUCK!
Y, POR SUPUESTO, ¿QUIÉN PUEDE OLVIDAR A CABEZA-HIPNÓTICA, EL MALEVOLENTE MAESTRO DEL CONTROL MENTAL?
¿O LOS TRES AMENAZANTES, CUYOS MIEMBROS INCLUÍAN A DARDO HUMANO...?
¿...FULANA ESCARLATA...
...Y GOLPE DE RIÑÓN?
NINGÚN ENEMIGO PUDO DERROTARLO. NI SIQUIERA LA CHICA-LARVA Y SU EJÉRCITO DE HOMBRES-BABOSAS.
SMEK!
O ESE GENIO DEL CRIMEN CONOCIDO COMO CEREBRO-EL MAGNÍFICO.
THOOOM!

¡EL INVENCIBLE HOMBRE RADIACTIVO SIEMPRE TRIUNFÓ, NO IMPORTABAN EL PELIGRO, LA INFERIORIDAD, LOS DAÑOS A LA PROPIEDAD!
¡TODO ESO, HASTA LA SEMANA PASADA, CUANDO EL VENGADOR ATÓMICO COMBATIÓ CONTRA LA MALVADA SOCIEDAD SECRETA CONOCIDA COMO ECZEMA!
¡COMO SE VIO DETALLADAMENTE EN EL Nº 159!

¡DÍAS ANTES, EL MUNDO SE HABÍA SORPRENDIDO POR UNA EMISIÓN DE TELEVISIÓN EN CIRCUITO CERRADO DE LA JEFA DEL MISTERIOSO GRUPO, MADAME ECZEMA!
¿EH? ¿QUÉ HA DICHO?
¡CON ESTE CRISTAL TAN GRUESO, NO OIGO NADA!
¡MENUDA NENA!
¡EH!
CONÉCTATE CON NUESTROS PRECIOS BAJOS
¡EY, ¿QUÉ HA PASADO CON HAWAI 5-0?!

EN UNOS SEGUNDOS, UN SECRETO LARGAMENTE GUARDADO FUE TRANSMITIDO A TODO EL MUNDO, Y HOY APENAS HAY UN ALMA VIVA QUE NO SEPA EL SORPRENDENTE HECHO DE QUE...
¡CLAUDE KANE ES EL HOMBRE RADIACTIVO!

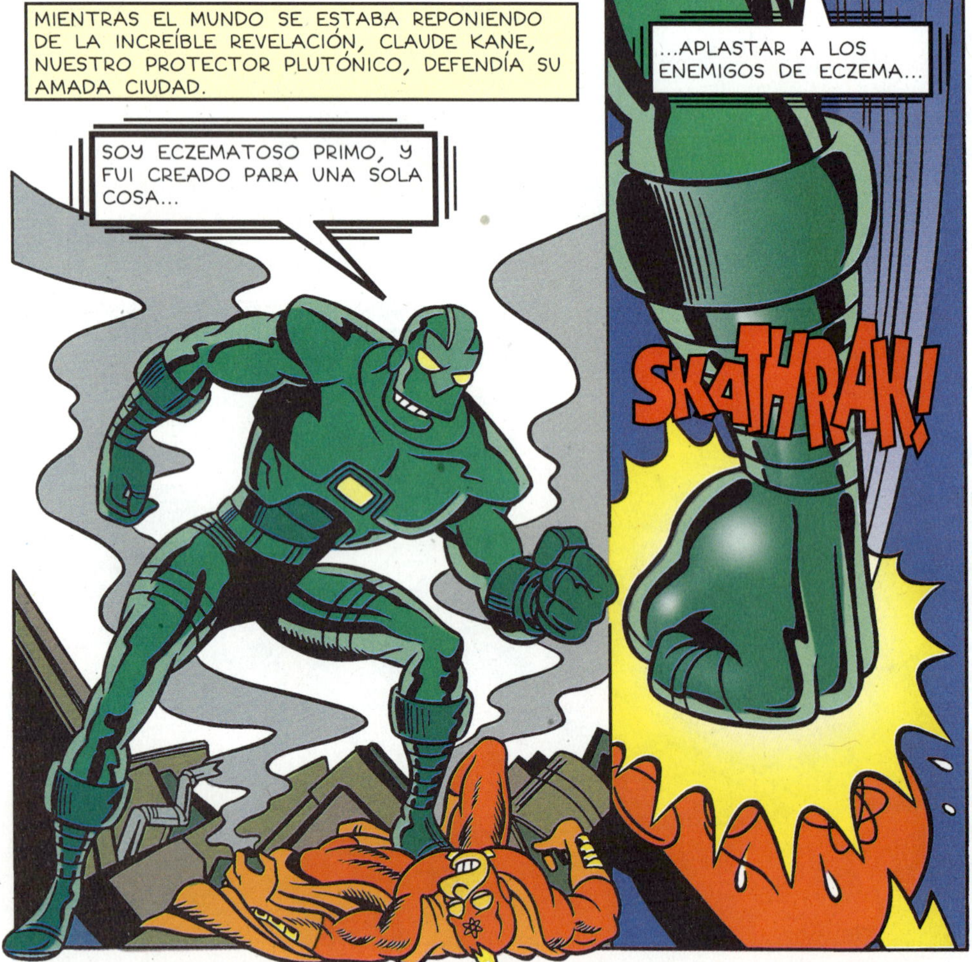
MIENTRAS EL MUNDO SE ESTABA REPONIENDO DE LA INCREÍBLE REVELACIÓN, CLAUDE KANE, NUESTRO PROTECTOR PLUTÓNICO, DEFENDÍA SU AMADA CIUDAD.
SOY ECZEMATOSO PRIMO, Y FUI CREADO PARA UNA SOLA COSA...
...APLASTAR A LOS ENEMIGOS DE ECZEMA...
SKATHRAK!

...¡POR ÚLTIMA VEZ!
¡DIOS SANTO! -GLUB- SU CORAZÓN NO LATE, ESTÁ MUERTO...

¡EL HOMBRE RADIOACTIVO -SNIFF- ESTÁ MUERTO!

MIENTRAS ESAS HORRIBLES PALABRAS SIGUEN RESONANDO EN NUESTROS OÍDOS, LOS RICACHONES DE ZENIT SE REÚNEN EN LA FUNDACIÓN PRO-HOMBRE RADIACTIVO PARA UN BAILE DE BENEFICENCIA.
WZEN

EL DINERO DE ESTA NOCHE SE DESTINARÁ A LA ASOCIACIÓN NACIONAL PARA LA RESTAURACIÓN DEL BUEN NOMBRE Y LA REPUTACIÓN DE TODOS LOS MAYORES DE 30 AÑOS...

...UNA DE LAS ORGANIZACIONES FAVORITAS DEL HOMBRE RADIACTIVO.
¡NO PUEDO CREERLO! ¡MIRA ALLÍ!
¿QUÉ DIA...?
WZEN

¡ES CLAUDE KANE!
¡ESTÁ VIVO!
PROX. EPISODIO: ¡MÁS ALLÁ DE LA TUMBA!

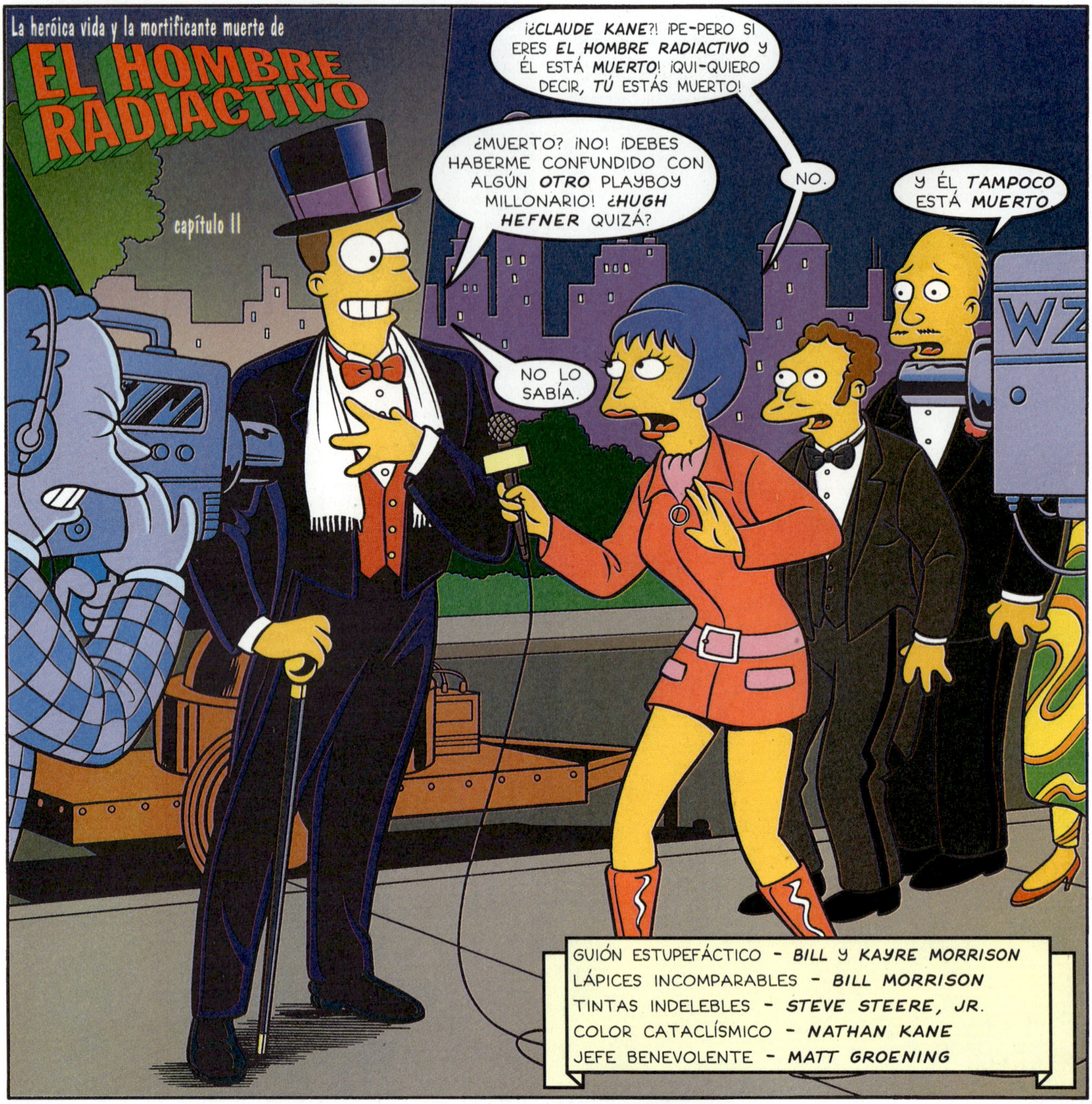

La heróica vida y la mortificante muerte de

EL HOMBRE RADIACTIVO

capítulo II

¡¿CLAUDE KANE?! ¡PE-PERO SI ERES **EL HOMBRE RADIACTIVO** Y ÉL ESTÁ **MUERTO**! ¡QUI-QUIERO DECIR, **TÚ** ESTÁS MUERTO!

¿MUERTO? ¡NO! ¡DEBES HABERME CONFUNDIDO CON ALGÚN **OTRO** PLAYBOY MILLONARIO! ¿**HUGH HEFNER** QUIZÁ?

NO.

Y ÉL **TAMPOCO** ESTÁ **MUERTO**.

NO LO SABÍA.

GUIÓN ESTUPEFÁCTICO – **BILL Y KAYRE MORRISON**
LÁPICES INCOMPARABLES – **BILL MORRISON**
TINTAS INDELEBLES – **STEVE STEERE, JR.**
COLOR CATACLÍSMICO – **NATHAN KANE**
JEFE BENEVOLENTE – **MATT GROENING**

BUENO, LA VERDAD ES QUE HE ESTADO EN EL POLO NORTE, EN UN SAFARI DE BEBÉS FOCA.
¡GLUB!
¡CIELOS, ¿PENSARÁ GLORIA QUE SOY UN **SER HUMANO HORRIBLE** POR **MENTIR** SOBRE LOS BEBÉS FOCA PARA PROTEGER MI IDENTIDAD SECRETA?!
MMM... ER... CREO QUE ES UN BUEN MOMENTO PARA UNOS ANUNCIOS.
VOLVEREMOS TRAS LA PUBLICIDAD DE LOS **CIGARRILLOS UNISEX SUSAN B. ANTHONY**.
¡APAGAD! ¡**ODIO** ESE ANUNCIO!
¡SALVE, ECZEMA! ¡REPUGNANTE ECZE...!
¡AHORA **NO**, IDIOTA! ¡SÓLO CANTAMOS CUANDO ESTÁ DE BUEN HUMOR!
APARENTEMENTE, LA INFORMACIÓN SOBRE LA IDENTIDAD DEL HOMBRE RADIACTIVO ESTABA EQUIVOCADA. ¡ESE CABEZA HUECA **NO PUEDE SER EL VENGADOR ATÓMICO**!
PERO EL HOMBRE RADIACTIVO SIGUE MUERTO. Y ESO ES LO QUE IMPORTA.
¡AHORA PODEMOS DAR EL PRÓXIMO PASO PARA DOMINAR EL MUNDO!
PERO, PRIMERO, SIENTO UNA IRRELEVANTE URGENCIA DE CONTAR MIS ORÍGENES.
¡OH, NO, OTRA VEZ!
¡YA LA HA CONTADO DURANTE EL DESAYUNO!

MIS AÑOS DE FORMACIÓN FUERON RELATIVAMENTE FELICES. ERA UNA NIÑA PRECIOSA, CON UNA PIEL SUAVE Y FRESCA, Y UN CUERPO FUERTE.
Y ENTONCES, COMO UNA CELOSA VENGANZA, ATACARON... ¡EL ECZEMA, LA SEBORREA Y LA PSORIASIS!
UN LADO DE MI CARA SE VIO PERMANENTEMENTE AFECTADA. NO ME QUEDÓ MÁS ELECCIÓN QUE CAMBIAR DE PEINADO Y DEDICARME AL CRIMEN.
PERO CON LOS ROBOS MALGASTABA MI TALENTO, ASÍ QUE DESPEDÍ A MI DERMATÓLOGO Y ME UNÍ A ECZEMA, UNA ORGANIZACIÓN PERFECTA PARA ALGUIEN COMO YO. ¡DESPUÉS, MATE A... ER, FUI ESCALANDO POSICIONES EN EL ORGANIGRAMA HASTA TERMINAR SIENDO LA ECZEMA DEFINITIVA!
CHA KRASH!
¡Y AHORA, LA FASE FINAL DE MI PLAN! ¡SIN EL HOMBRE RADIACTIVO, APLASTAREMOS A ESE MALDITO ESCUADRÓN SUPERIOR, TAL COMO ESTOY APLASTANDO SIMBÓLICAMENTE ESTE ESPEJO!
OUCH.

MIENTRAS, EN LA MANSIÓN DE MILES MANDO, SEDE DEL ESCUADRÓN SUPERIOR...
EL MENSAJE DE CHICO-BICHO PARECÍA URGENTE. ¿QUÉ PASARÁ, NUNCA ADMITEN QUE LOS COMPAÑEROS VISITEN LA MANSIÓN?
PAQUETES Y ATAQUES DE SUPERVILLANOS POR LA PUERTA DEL CALLEJÓN

¡AH, CHICO FUSIÓN! GRACIAS POR VENIR.
¡EL BRONCAS!
¡CAPITÁN ALIENTO APESTOSO!
LO QUE SEA.
GRACIAS POR VENIR TAN PRONTO.
SABEMOS QUE ESTÁS MUY AFECTADO POR LA MUERTE DEL HOMBRE RADIACTIVO, ASÍ QUE SEREMOS BREVES.

UN MOMENTO, MUJER-COMADREJA. ¿QUIÉN SE HA MUERTO Y TE HA NOMBRADO JEFA?
EL HOMBRE RADIACTIVO, ¿QUIÉN SI NO?
NI LO SUEÑES. EL JEFE SOY YO.
¡OH, OH! ¡YA LO FUISTE LA *ÚLTIMA* VEZ QUE SE MURIÓ EL HOMBRE RADIACTIVO! ME TOCA A *MÍ*. SI NO ME CREES, MIRA LA LISTA EN LA SALA DE DESCANSO.

¡EH, ¿OS IMPORTA?! TENGO UNA CITA CON LA *CHICA VELOCIDAD-LUZ* DENTRO DE 10 MINUTOS.
CUIDADO, CHAVAL. DICEN QUE ES MUY RÁPIDA -¡JI, JI, JI!-
¡JE, JE!

VALE, VALE, MUY DIVERTIDO. ¿A QUÉ VIENE TODO ESTO?
BUENO, COMO TU COMPAÑERO, ER... YA NO ESTÁ, LAS FUERZAS DE ECZEMA AMENAZAN CON ATACARNOS.
COMO YA SABES, SOLÍAN ATACAROS AL HOMBRE RADIACTIVO Y A TI, ASÍ QUE NO TENEMOS MUCHA EXPERIENCIA EN COMBATIRLOS.

ESPERÁBAMOS QUE NOS DIERAS ALGUNAS PISTAS, YA SABES, QUE NOS DIJERAS SUS PUNTOS DÉBILES.
UN MINUTO, CHICO MICROBIO. PLASMO NOS LLAMA POR EL *VÍDEO SUPERPANORÁMICO*.

HE ESTABLECIDO CONTACTO TEMPORAL CON EL MUNDO ESPIRITUAL. PODREMOS HABLAR CON EL HOMBRE RADIACTIVO UNA ÚLTIMA VEZ, ANTES DE QUE COMPLETE SU VIAJE HACIA LA GRAN TORRE REFRIGERANTE DEL CIELO.
VENID AL 665 + DE PURGATORIO SUR. NOS ENCONTRAREMOS ALLÍ.

Y...
BUENO, DEBE SER AQUÍ. ENTREMOS Y ACABEMOS DE UNA VEZ. TENGO UN MAL PRESENTIMIENTO.
NO PASE
BOLAS DE CRISTAL DE BELLE CRISTAL
y suministros psíquicos
Al detalle y al por mayor
Todo desde tarots a turbantes
SESIONES SE CUENTA POR CABEZA
VISA MASTERCARD
SALA DE REUNIONES Y COMIDAS
Y YO. ALGO NO MARCHA. ¿POR QUÉ PLASMO NOS HA LLAMADO POR **VÍDEO** CUANDO NORMALMENTE ENVÍA SU **IMAGEN ASTRAL**? ¿Y POR QUÉ CITARNOS **AQUÍ** Y NO EN SU **SANCTA SANCTORUM SANCTIORORUM**? ¡QUIZÁ DEBERÍA HABLAR DE MIS PREOCUPACIONES CON EL RESTO DEL GRUPO Y PREPARARNOS PARA UNA POSIBLE CATÁSTROFE!
¡**UAUH**! ¡SUPERMOZA ESTÁ GENIAL CON SU NUEVA MINIFALDA!

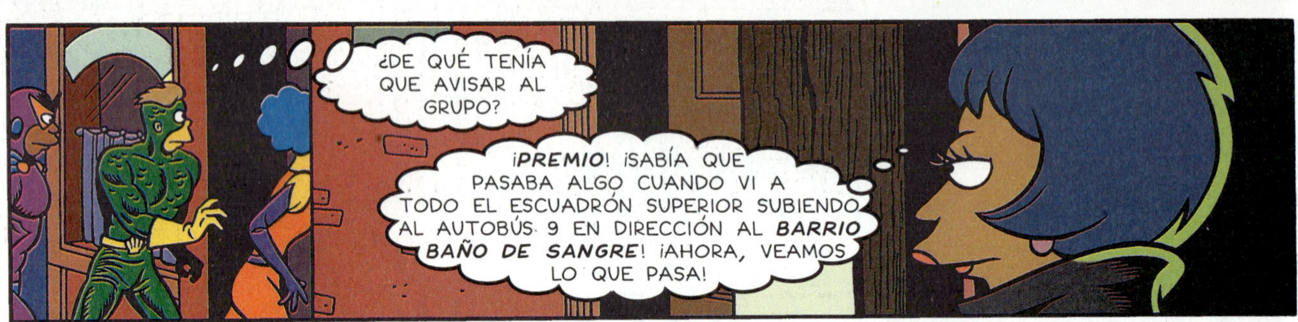
¿DE QUÉ TENÍA QUE AVISAR AL GRUPO?
¡**PREMIO**! ¡SABÍA QUE PASABA ALGO CUANDO VI A TODO EL ESCUADRÓN SUPERIOR SUBIENDO AL AUTOBÚS 9 EN DIRECCIÓN AL **BARRIO BAÑO DE SANGRE**! ¡AHORA, VEAMOS LO QUE PASA!

OS DOY LA BIENVENIDA A TODOS. POR FAVOR, PERDONAD LAS POCAS COMODIDADES, PERO ME ESTÁN DESECTOPLASMIZANDO EL SANCTA SANCTORUM.
AHORA, SI SOIS TAN AMABLES DE COGEROS DE LAS MANOS, EMPEZAREMOS LA SESIÓN E INTENTAREMOS CONTACTAR CON EL HOMBRE RADIACTIVO.
¡**POR FIN** UNA OPORTUNIDAD DE COGER DE LA MANO AL **CAPITÁN CALAMAR**! PARECE INCÓMODO. ¿SE SENTIRÁ REPELIDO POR LA IDEA DE TOCAR MI DELICADA MANO HUMANA?
¡**CIELOS**! ¡UNA EXCUSA PARA COGER DE LA MANO A LA **CHICA GUAPERAS**! PARECE INCÓMODA. ¿SE SENTIRÁ REPELIDA POR EL TENTÁCULO DE CALAMAR QUE OCULTO BAJO MIS GUANTES?
¡OH, SEÑOR DEL MÁS ALLÁ, TE ROGAMOS QUE SEAS BUEN CHICO Y NOS ENVÍES EL ESPÍRITU DEL QUE CONOCIMOS COMO HOMBRE RADIACTIVO!

-GLUB- ¡**EL FANTASMA DEL HOMBRE RADIACTIVO**!
¿A QUIÉN ESPERABAIS A HUGH HEFNER?
PRÓX. EPIS.: ¡SE REVELA EL SECRETO!

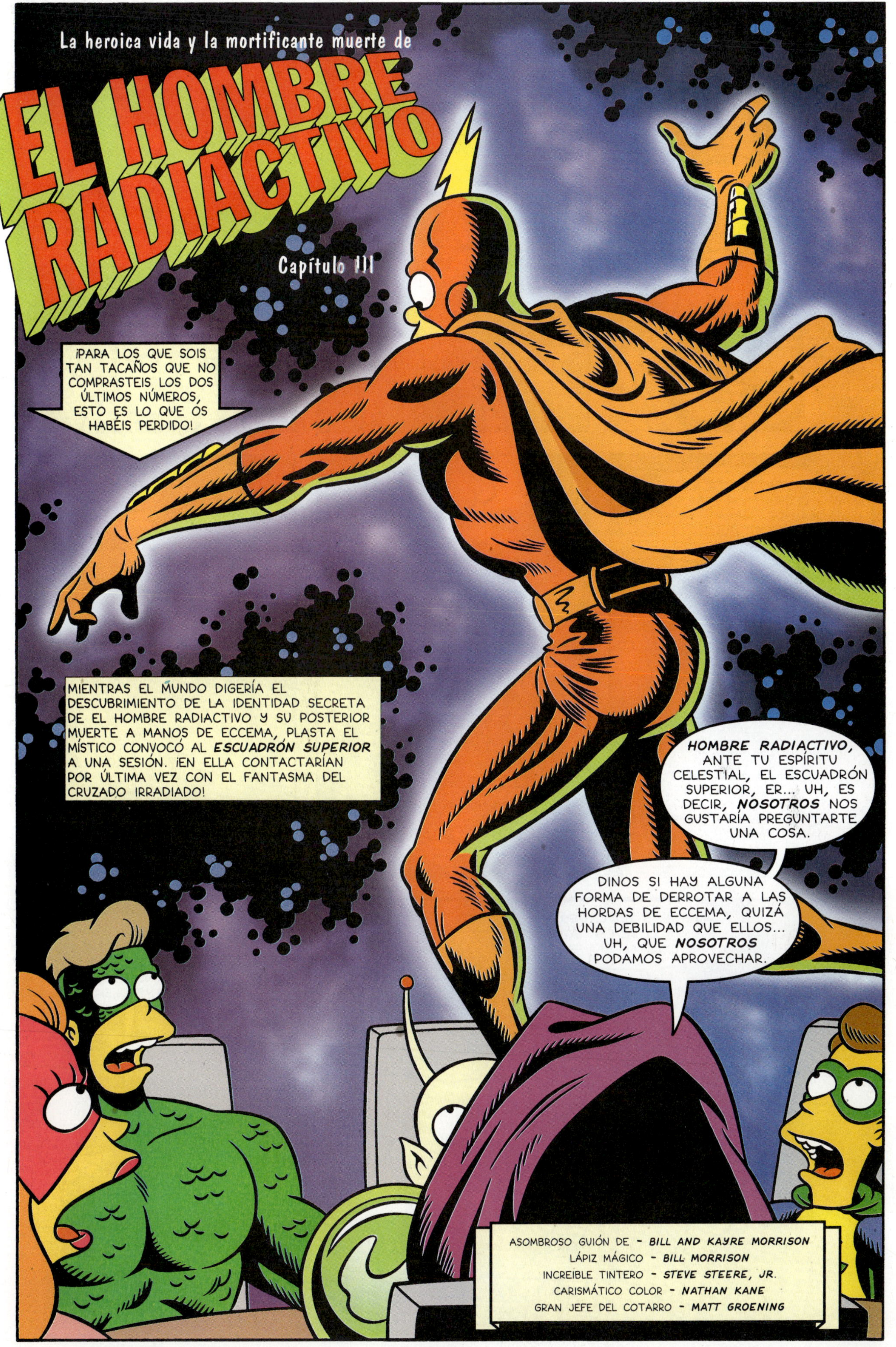
La heroica vida y la mortificante muerte de
EL HOMBRE RADIACTIVO
Capítulo III
¡PARA LOS QUE SOIS TAN TACAÑOS QUE NO COMPRASTEIS LOS DOS ÚLTIMOS NÚMEROS, ESTO ES LO QUE OS HABÉIS PERDIDO!
MIENTRAS EL MUNDO DIGERÍA EL DESCUBRIMIENTO DE LA IDENTIDAD SECRETA DE EL HOMBRE RADIACTIVO Y SU POSTERIOR MUERTE A MANOS DE ECCEMA, PLASTA EL MÍSTICO CONVOCÓ AL ***ESCUADRÓN SUPERIOR*** A UNA SESIÓN. ¡EN ELLA CONTACTARÍAN POR ÚLTIMA VEZ CON EL FANTASMA DEL CRUZADO IRRADIADO!
HOMBRE RADIACTIVO, ANTE TU ESPÍRITU CELESTIAL, EL ESCUADRÓN SUPERIOR, ER... UH, ES DECIR, ***NOSOTROS*** NOS GUSTARÍA PREGUNTARTE UNA COSA.
DINOS SI HAY ALGUNA FORMA DE DERROTAR A LAS HORDAS DE ECCEMA, QUIZÁ UNA DEBILIDAD QUE ELLOS... UH, QUE ***NOSOTROS*** PODAMOS APROVECHAR.
ASOMBROSO GUIÓN DE - ***BILL AND KAYRE MORRISON***
LÁPIZ MÁGICO - ***BILL MORRISON***
INCREIBLE TINTERO - ***STEVE STEERE, JR.***
CARISMÁTICO COLOR - ***NATHAN KANE***
GRAN JEFE DEL COTARRO - ***MATT GROENING***

¿UNA DEBILIDAD? VEAMOS... NO, NO SE ME OCURRE NINGUNA.

MMMM... ¡DEFINITIVAMENTE ... ESTO HUELE A PODRIDO!

BUENO, AHORA QUE LO PIENSO, MADAME ECCEMA TIENE ESA MANÍA SOBRE SU ASPECTO. NO PUEDE RESISTIR QUE LA VEAN SIN MAQUILLAR.

¡BASTA, IDIOTA! ER, QUIERO DECIR... ¡POR LAS LEGIONES LUMINOSAS DE LIBERACE, NUESTRO ENLACE CON EL MUNDO DE LOS ESPÍRITUS SE DEBILITA!

PSSSSSSSS!
¡HE DICHO QUE SE DEBILITA!

¡UPS! ¡TENGO QUE IRME!

¡AGH! ¡GAS VENENOSO... SURGIENDO DE ESA BOLA DE CRISTAL! ¡UUUFFF!
DEMASIADO SORPRENDIDA PARA... -GLUB- AGUANTAR LA RESPIRACIÓN -AGH-
DE ACUERDO -HACK- ESE GAS HA SIDO UNA SORPRESA -COFFF-, ¿VERDAD? ¡BUENO, -GLUB- PUES ME DESMAYO!
KOFF! KOFF!
PSSSSSSSS!

¡AYÚDANOS -COF- HOMBRE RADIACTIVO!
¡POR ÚLTIMA VEZ -AGH- ESTÁ MUERTO!
¡PERDÓN -UFFF- ES LA COSTUMBRE!

¡MADAME, SU PLAN HA FUNCIONADO A LA PERFECCIÓN! ¡NO SOSPECHABAN NADA!
¡HE HECHO MUY BIEN DE FANTASMA DE HOMBRE RADIACTIVO, ¿VERDAD, JEFA?!

¡HARÁS MEJOR TODAVÍA DE CADÁVER, IDIOTA! ¿CÓMO TE ATREVES A REVELAR MIS DEBILIDADES A ESOS SUPERBOBOS!
¡EPS! ¡L-LO SIENTO, ECCEMA! CREÍ QUE ME HARÍAN UNA PREGUNTA FÁCIL, POR EJEMPLO: ¿ESTÁ MUERTO PAUL MCCARTNEY?

¡BUENO, NO IMPORTA! ¡PRONTO MORIRÁN TODOS!
¿Y AHORA, MADAME E?

¡LLEVADLOS AL CUARTEL GENERAL, ANTES DE QUE SE PASE EL EFECTO DEL GAS! ¡ALLÍ RETRANSMITIREMOS EN DIRECTO POR TELEVISIÓN LA MUERTE DE TODO EL ESCUADRÓN! ¡PIENSA EN LOS ÍNDICES!
¡SALVE, ECCEMA! ¡HORROROSA ECCEMA! ¡NUNCA NOS CURAREMOS COMPLETAMENTE!
¡RÁSCANOS Y PROVOCAREMOS UNA PICAZÓN EL DOBLE DE TERRIBLE!
¡GUAIS!
¿QUIÉN HA DICHO "GUAIS"? ¡ESO NO ES PARTE DEL ESLÓGAN!

ENTRETANTO, EN LOS SUBURBIOS DE CENIT, UNA MISTERIOSA FIGURA PASEA ANTE UNAS OSCURAS CASAS BUSCANDO A CIERTO HABITANTE... UNO SIN DIRECCIÓN.
¡DEBE SER AQUÍ!
HE ESTADO **DENTRO** VARIAS VECES, PERO NUNCA HE VISTO EL **EXTERIOR**. PARECE TAN NORMAL.

ESPERO QUE ACEPTE AYUDARME.
RAP-DIDDA-RAP-RAP!
RAP RAP!

¡**LA PUERTA**! ¡SE HA ABIERTO SOLA!
MMM... QUÉ RARO. PARECE QUE NO HAY NADIE.

HOLA! ¿HAY ALGUIEN?

¿QUIÉN SE **ATREVE** A INVADIR EL SANCTA SANCTORUM SANCTIORORUM DE...?

...¡PLASTA EL MÍSTICO!
OH, ERES TÚ. HOLA, CLAUDE. POR FAVOR, PERDONA MIS MODALES POCO EXQUISITOS. ¡MI CUERPO ASTRAL HA ESTADO DE JUERGA TODA LA NOCHE Y TENGO UN DOLOR DE CABEZA DE TRES PARES DE NARICES!
POR CIERTO, BIENVENIDO DE VUELTA DE ENTRE LOS MUERTOS.
GRACIAS.
SI YO VIVIERA AQUÍ, TAMBIÉN TENDRÍA DOLOR DE CABEZA.

EN REALIDAD NO MORÍ. SÓLO LO FINGÍ PARA APARECER EN PÚBLICO COMO CLAUDE KANE Y ASÍ DEMOSTRAR QUE NO SOY EL HOMBRE RADIACTIVO.
¿NO SE TE OCURRIÓ QUE TARDE O TEMPRANO TENDRÍAS QUE APARECER COMO HOMBRE RADIACTIVO Y DESCUBRIRÍAS EL TRUCO DE TU FALSA MUERTE?

BUENO, HASTA HACE POCO NO. POR ESO HE VENIDO. ERES EL ÚNICO QUE PUEDE AYUDARME A SALIR DE ESTE LÍO.
TABASCO

¡POR EL OJO ACUOSO DE OFTALMA, MI ESMERALDA MÁGICA RECIBE UNA SEÑAL DE ALARMA! ¡ES EL ESCUADRÓN SUPERIOR! ¡ESTÁN EN UN GRAVE PELIGRO!

¡VEN, TENEMOS QUE RESCATARLOS! ¡EXPLÍCAME TU PETICIÓN POR EL CAMINO!
PROX. EPIS.: ¡ATANDO CABOS SUELTOS!

PASMOSO GUIÓN DE **BILL AND KAYRE MORRISON** · LÁPIZ DE OJOS **BILL MORRISON** · INCALIFICABLE TINTA **STEVE STEERE, JR.** · COLORETE **NATHAN KANE** · EX-ECCEMA TOTAL: **MATT GROENING**

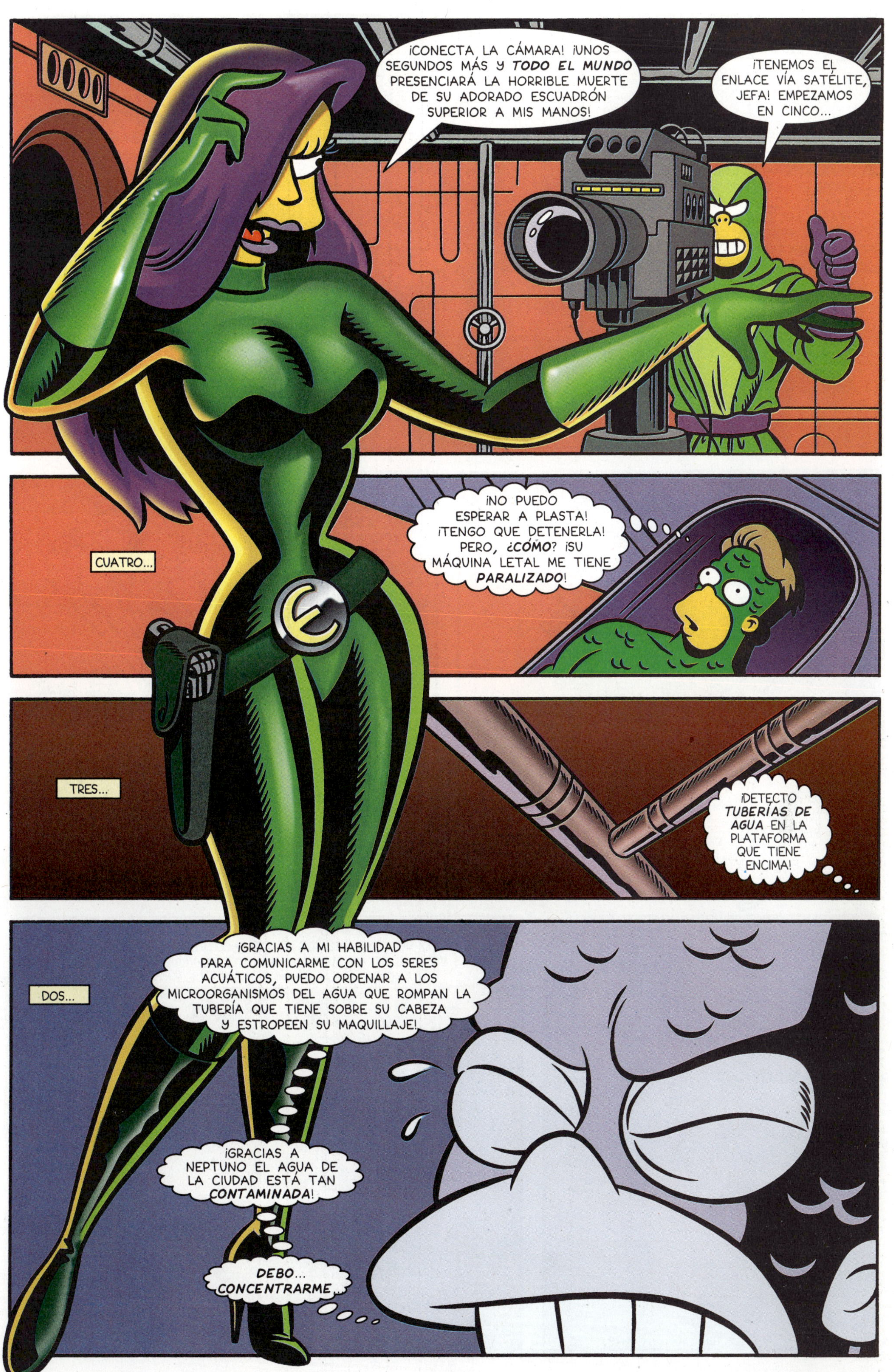
¡CONECTA LA CÁMARA! ¡UNOS SEGUNDOS MÁS Y **TODO EL MUNDO** PRESENCIARÁ LA HORRIBLE MUERTE DE SU ADORADO ESCUADRÓN SUPERIOR A MIS MANOS!
¡TENEMOS EL ENLACE VÍA SATÉLITE, JEFA! EMPEZAMOS EN CINCO...
CUATRO...
¡NO PUEDO ESPERAR A PLASTA! ¡TENGO QUE DETENERLA! PERO, ¿**CÓMO**? ¡SU MÁQUINA LETAL ME TIENE **PARALIZADO**!
TRES...
¡DETECTO **TUBERÍAS DE AGUA** EN LA PLATAFORMA QUE TIENE ENCIMA!
DOS...
¡GRACIAS A MI HABILIDAD PARA COMUNICARME CON LOS SERES ACUÁTICOS, PUEDO ORDENAR A LOS MICROORGANISMOS DEL AGUA QUE ROMPAN LA TUBERÍA QUE TIENE SOBRE SU CABEZA Y ESTROPEEN SU MAQUILLAJE!
¡GRACIAS A NEPTUNO EL AGUA DE LA CIUDAD ESTÁ TAN **CONTAMINADA**!
DEBO... CONCENTRARME...

PARECE QUE HE LLEGADO JUSTO A TIEMPO. ESTA MÁQUINA ESTÁ A PUNTO DE ACTIVARSE. ¡SI NO OS SACO DE AQUÍ RÁPIDAMENTE, VUESTRAS CÉLULAS SERÁN SUBATÓMICAMENTE PULVERIZADAS, DEJANDO ÚNICAMENTE APESTOSOS MONTONES DE BARRO!

¡ME ALEGRA QUE ESTÉS VIVO! HE REGADO LAS PLANTAS DEL DOMO DE CONTENCIÓN Y ME ENCARGUÉ DEL CORREO Y LOS DIARIOS.

BIEN HECHO. ¿Y CÓMO VAN TUS DEBERES?

¡EH, IDIOTA! ¡SÁCANOS DE AQUÍ!

CUANDO TODOS LOS HÉROES SON LIBERADOS...
¡ESCUADRÓN SUPERIOR, REAGRUPAOS!
¡EH, QUE ME TOCABA LANZAR EL GRITO DE BATALLA A MÍ!
SLICE!
THRAK!
¡OVEJA QUE BALA, BOCADO QUE PIERDE, COMADREJA!

OJALÁ SE ME OCURRIERA ALGO INGENIOSO, PERO SIGO ATONTADA POR EL GAS. ME LIMITARÉ A PEGARLE.
THWAK!
¡NNGH!

¡TE ENVÍO A UN MAL VIAJE, HERMANO! ¡CUANDO LLEGUES A DESTINO, DI QUE TE ENVÍA EL NOVATO PÚRPURA!
SHWACK!
¡SUCIO ESTEREOTIPO! ¡UNGHH!

¡HOMBRE RADIACTIVO, MADAME ECZEMA SE ESCAPA!
¡ENCÁRGUESE DE ELLA, SEÑORITA GRAND! ¡NO PUEDO DEJARLO A MEDIO APORREAR! ¡ADEMÁS, NO SE ME PERMITE PEGAR A LAS CHICAS!

BUENO, VALE, AHÍ VOY...
¡HIIIII-YAH!
SHHKICK!

¿HAS VISTO? ¡LO CONSEGUÍ! ¡CAYÓ COMO LBJ EN LAS ENCUESTAS DE SIMPATÍA!
¡BUEN TRABAJO, SEÑORITA GRAND! ¡Y BUENA METÁFORA TAMBIÉN!

¡ES GENIAL VOLVER A VERTE, HOMBRE RADIACTIVO!... ¡UN MOMENTO!
¡CLAUDE KANE VOLVIÓ MISTERIOSAMENTE ESTA TARDE! ¡Y AHORA, HAS VUELTO TÚ! ¡SOIS LA MISMA PERSONA!
-GLUB- ESPERE, SEÑORITA GRAND, YO... -EJEM- ER, VERÁ...

¡MOSQUIS! ¿QUÉ PASA AQUÍ?
¡EN CARNE Y HUESO! ESTE EDIFICIO ES DE MI PAPÁ Y HE VENIDO A COBRAR EL ALQUILER DEL MES.
-GLUB- ¡CLAUDE KANE III!
HOLA, CLAUDE. SEGURO QUE NO SABÍAS QUE EL INQUILINO DE TU PADRE ERA LA MALÉFICA SOCIEDAD SECRETA CONOCIDA COMO ECCEMA. NO TE PREOCUPES, LOS HE ECHADO POR TI.

¡LOADO SEA NALOC... ER, QUIERO DECIR, GRACIAS!
AQUÍ ESTÁIS... LOS DOS... FRENTE A FRENTE. DEBO ESTAR EQUIVOCADA.
¡ESO PARECE!

¡BIEN HECHO, PLASTA! ¡TU DISFRAZ MÍSTICO ES PERFECTO! ¡TIENES MI ASPECTO Y HABLAS COMO YO!
¡TOPE, CLAUDE!

¡OH, OH! ¡CREO QUE HE LANZADO SIN QUERER UN VIEJO HECHIZO DE AMOR!
BUENO, TENGO QUE IRME.
¿PUEDO ACOMPAÑARTE, MUCHACHOTE?
¡NO SÉ QUÉ ME PASA! ¡DE REPENTE, SIENTO UNA MÁGICA ATRACCIÓN HACIA CLAUDE!
¡OH, RAYOS! ¡PLASTA ES TAN BUENO HACIÉNDOSE PASAR POR MÍ, QUE HASTA ME HA ROBADO A MI CHICA! ¡OJALÁ ESTUVIERA MUERTO!
FIN.

Las increíbles y alimenticias hazañas de
LARD LAD

$14.95
¡GRATIS por la compra de 15$ de rosquillas!
COMICS - ROMPECABEZAS - ARTÍCULOS - PEQUEÑOS ANUNCIOS DISIMULADOS
¡EN BUSCA DE LOS AGUJEROS PERDIDOS DE LAS ROSQUILLAS!
¿DÓNDE NOS HA TRAÍDO EL *AGUJERO CÓSMICO DE ROSQUILLA* DEL DOCTOR DEEPFRY, LARD LAD?
NO TENGO NI LA MÁS MÍNIMA IDEA, PASTELITO...
...¡PERO LA PINTA Y EL OLOR ES DELICIOSO!
¡¡¡AAAIIIEEEEEEEE!!!
GROENING
SHAW!
Steere
A MÍ NO ME MIRÉIS, CHICOS. ¡SÓLO SOY LA MASCOTA CÓMICA!
¡¡¡NOTA A LOS PADRES: CONTIENE PARTES EDUCATIVAS!!!

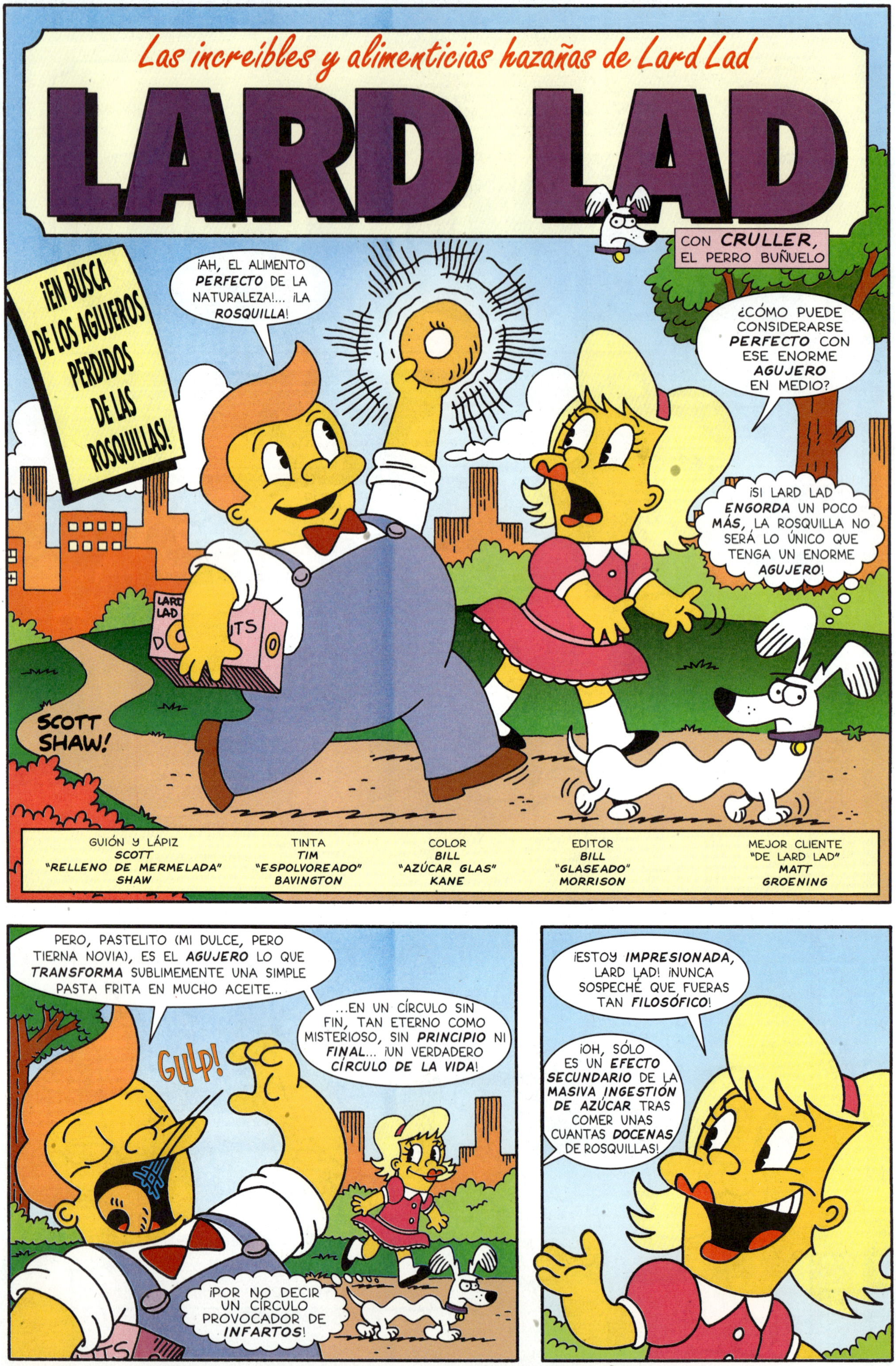

Las increíbles y alimenticias hazañas de Lard Lad

LARD LAD

CON **CRULLER,** EL PERRO BUÑUELO

¡EN BUSCA DE LOS AGUJEROS PERDIDOS DE LAS ROSQUILLAS!

¡AH, EL ALIMENTO **PERFECTO** DE LA NATURALEZA!... ¡LA **ROSQUILLA**!

¿CÓMO PUEDE CONSIDERARSE **PERFECTO** CON ESE ENORME **AGUJERO** EN MEDIO?

¡SI LARD LAD **ENGORDA** UN POCO **MÁS**, LA ROSQUILLA NO SERÁ LO ÚNICO QUE TENGA UN ENORME **AGUJERO**!

LARD LAD DO...UTS

SCOTT SHAW!

GUIÓN Y LÁPIZ	TINTA	COLOR	EDITOR	MEJOR CLIENTE "DE LARD LAD"
SCOTT "RELLENO DE MERMELADA" SHAW	TIM "ESPOLVOREADO" BAVINGTON	BILL "AZÚCAR GLAS" KANE	BILL "GLASEADO" MORRISON	MATT GROENING

COME ROSQUILLAS LARD LAD: ¡50.000 POLICÍAS NO PUEDEN ESTAR EQUIVOCADOS!

¡TEN UNA VIDA REDONDA! COMPRA ROSQUILLAS LARD LAD.

¡LAS ROSQUILLAS DE LARD LAD SON MÁS GRASIENTAS!

¡Enróscate con rosquillas!... ¡Rosquillas Lard Lad, claro!

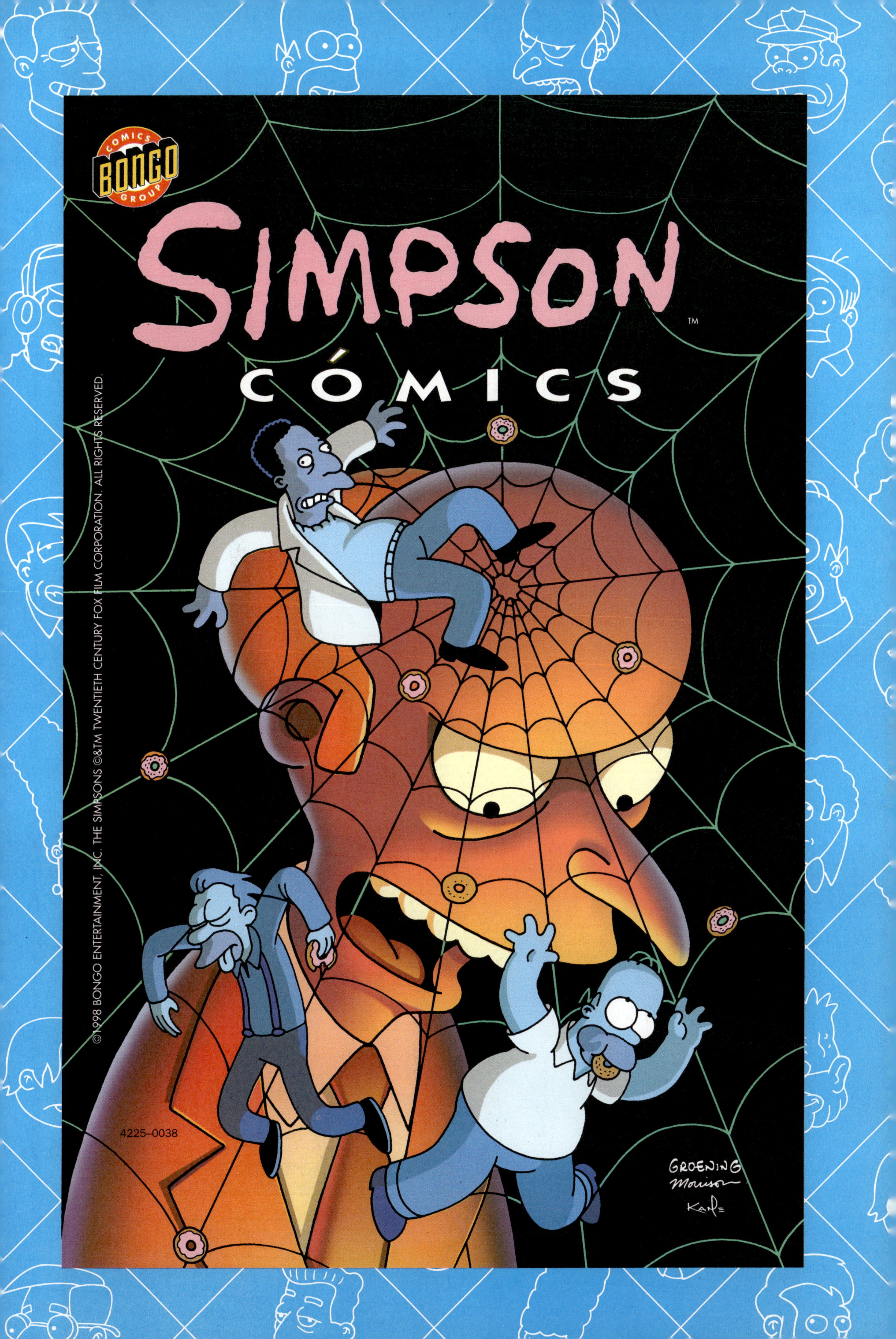
COMICS BONGO GROUP
SIMPSON™
CÓMICS
©1998 BONGO ENTERTAINMENT, INC. THE SIMPSONS ©&TM TWENTIETH CENTURY FOX FILM CORPORATION. ALL RIGHTS RESERVED.
4225-0038
GROENING
Morrison
Kane

Rosquillas Pecadoras de Joe Risas

con pastas fritas en mucha grasa se vive mejor

LOCOS POR LAS ROSQUILLAS

GUIÓN	LÁPIZ	TINTA	COLOR	SEÑOR DE LAS GRASAS
BILLY RUBENSTEIN	PHIL ORTIZ	TIM BAVINGTON	NATHAN KANE	MATT GROENING

Imprime Lifusa, S.L. - Depósito legal: B. 17.417 - 1996

YO PREFIERO EL SABOR SUAVE Y AFRUTADO DE LA UVA DE LAS ROSQUILLAS RELLENAS DE **MERMELADA**. TIENEN UN AROMA DESPREOCUPADO Y DELICIOSO QUE ME SATISFACE...
¿EN SERIO? PORQUE YO PREFIERO EL FLEXIBLE EQUILIBRIO DE LA TRADICIONAL ROSQUILLA **GLASEADA**. ES UNTUOSA, PERO ALEGRE.
¡NO, NO, PLEBEYOS! TENÉIS QUE PROBAR EL VIGOROSO BOUQUÉ DE LAS **ALMENDRAS**.
EL CRUJIDO, EL COLOR Y EL CUERPO DE LA ROSQUILLA ALMENDRADA SON **MUY SUPERIORES** A ESOS VULGARES BOCADOS QUE PREFERÍS.

EH, HOMER. DÉJANOS LAMER LA CAJA UN RATO.
SÍ. QUIERO VER SI QUEDAN RASTROS DE MERMELADA.
SMACK!
MRMPH!
LICK!
¡DE ALMENDRAS, BRUTO PALURDO! ¡LAS ALMENDRAS SON LO **ÚNICO** QUE LE IMPORTA A UN PALADAR EDUCADO!

¡MERMELADA!
¡GLASEADA!
¡ALMENDRAS!
SMACK!

MMM. ESTO NO ME GUSTA.
INFORME DE GASTOS DE LA CENTRAL NUCLEAR
YO ♥ MI JEFE

¡EL GASTO EN ROSQUILLAS SE HA DISPARADO!
pg. 3
INFORME DE GASTOS DE LA CENTRAL NUCLEAR
Cojinetes
Cascos 10,000.00
Bongos 500.00
Contribuciones* 25.00
Sindicatos 100,000.00
Gobierno 100,000.00
Comisión de regulación nuclear 100,000.00
Agencia de protección del medio ambiente 100,000.00
Pegamento para dentadura postiza (sr. Burns) 100,000.00
Rosquillas 1,000
Gastos médicos 200,000.00
Sector 7g
Todos los demás 50,000.00
200.00

SERÁ MEJOR QUE SE LO ENSEÑE AL SEÑOR BURNS.
PFENNIGS

PERDONE, SEÑOR, PERO HAY CIERTAS DISCREPANCIAS EN ESTAS CUENTAS DE GASTOS.
¿EH? NO ESTAREMOS PAGANDO ESTA *TONTERÍA* DE LA *SEGURIDAD SOCIAL* ¿VERDAD?

NO, SEÑOR. DE ESO NOS ESCAPAMOS HACE MUCHO. TIENE QUE VER CON UN SIGNIFICATIVO E INEXPLICABLE INCREMENTO EN GASTOS DE ALIMENTACIÓN, ¡ROSQUILLAS, CONCRETAMENTE! Y PENSANDO EN SUS PREVIOS Y GENIALES RECORTES PRESUPUESTARIOS...

...COMO LAS SUBASTAS DE VARILLAS DE PLUTONIO USADO...
VARILLAS DE PLUTONIO. ¡BARATAS!
$25 $10!

...LA DUCHA DESCONTAMINADORA A MONEDAS JUNTO AL NÚCLEO DEL REACTOR...
OH, RAYOS. ME OLVIDÉ TRAER MONEDAS. ¿TIENES CAMBIO?
LO SIENTO, TENGO LAS JUSTAS PARA UNA DUCHA.
NÚCLEO DEL REACTOR
DUCHA DESCONTAMINADORA 75¢
OH, BUENO. YA ME DUCHARÉ CUANDO VUELVA DE LA BOLERA.

...Y SU SISTEMA DE ELIMINACIÓN DE RESIDUOS TÓXICOS...

...ME SORPRENDE LA *EXORBITANTE* SUMA GASTADA POR LOS OBREROS EN ESE TEMA.
VENGA, SMITHERS.

QUIERO ENSEÑARLE ALGO.
WRRRRRRRRRR!

CREÍ QUE CONOCÍA TODOS LOS PASADIZOS SECRETOS.
SIEMPRE GUARDO ALGUNOS SECRETOS EN LA MANGA. ES UN ASIENTO INDIVIDUAL, ASÍ QUE TENDRÉ QUE SENTARME EN SU REGAZO.

¡SÍ, SEÑOR!

VOOP!

SMITHERS, LE PRESENTO AL DOCTOR OLBERMAN, UN REPUTADO CIENTÍFICO.
UN PLACER, SEÑOR.

¿EN QUÉ ESTÁ TRABAJANDO?

¡QUIETO!
¡EY!
FWAP!

OBSERVE.
ROSQUILLAS LARD LAD

FÍJESE COMO LOS MONOS NO HACEN CASO A UNA ROSQUILLA **NORMAL**.
POKE POKE
SPRINGFIELD TIMES

AHORA, MIRE ESTO.

VEN LA ROSQUILLA...
THWIP!

...Y SE **PELEAN** POR ELLA.
BIFF!
POW!
ZONK!
SLUG!

¡**SORPRENDENTE**! LOS MONOS **ANSÍAN** ESAS ROSQUILLAS.
¡OH, SÍ! NO PUEDEN EVITARLO.
DESARROLLAR ESTAS ROSQUILLAS TAN DESEABLES FUE FÁCIL. LO REALMENTE **DIFÍCIL** FUE LA CAMPAÑA DE MARKETING PARA ATRAER A LOS CONSUMIDORES ACTUALES Y FUTUROS.
CREO QUE LO CONSEGUIMOS UTILIZANDO UN **PERSONAJE DE DIBUJOS ANIMADOS**. LA GENTE SE TRAGA TODO LO QUE ANUNCIA UN PERSONAJE DE FICCIÓN.
¡Consigue regalos guais con los cupones de las cajas!
JOE RISA
¡EXCELENTE!

SIGA TRABAJANDO ASÍ DE BIEN, OLBERMAN.
¡RAYOS, NO SE MUEVE! OH, CHORRADAS. A VECES PASA.

OLBERMAN, ENCÁRGUESE DE QUE ARREGLEN EL SISTEMA DE TRANSPORTE INTERDESPACHOS.
UH... SÍ, SEÑOR.
WRRRRRRRRRR!

?
DETESTO LA INEFICACIA.

AHORA, SMITHERS, EL PRÓXIMO PASO DE MI PLAN.
YUJUJÚ. AQUÍ EL SEÑOR BURNS...

...ME TEMO QUE, DEBIDO A PROBLEMAS PRESUPUESTARIOS, NO PODRÉ SEGUIR SUMINISTRANDO VUESTRA RACIÓN DIARIA DE ROSQUILLAS. ESO ES TODO. CORTO.

¡NOOOOOOOOOOO!
¡LAS ROSQUILLAS NO! ¡QUITADME A LA ***FAMILIA***, PERO LAS ***ROSQUILLAS*** NO!

Y...
¿QUÉ ***HACES,*** HOMEY? SON LAS 4 DE LA MAÑANA.
¡ROSQUILLAS! ¿DÓNDE ESTÁN LAS ROSQUILLAS? ¡POR EL AMOR DE DIOS, MARGE, ***POR FAVOR,*** DIME QUE TIENES ***ROSQUILLAS*** EN ALGUNA PARTE!

CÁLMATE, HOMER. HACE ***SEMANAS*** QUE NO COMES ROSQUILLAS NORMALES, ASÍ QUE YA NO COMPRO. EN ***EL BADULAQUE*** VENDEN, ASÍ QUE PUEDES PASARTE POR ALLÍ MAÑA...

...NA.
SLAM!

NENA, NENA, NENA, ¿DÓNDE FUE NUESTRO AMOR? ¿NO ME QUIERES? ¿YA NO ME QUIERES?
¡NENA! ¡NENA! ¡ESO ME DUELE TANTO!
Kirk y Krusty Kantan Klásikos

BAD U LAQUE
¡OH, BONDAD DIVINA!

¡SE HAN COMIDO TODAS LAS ROSQUILLAS QUE TENÍAMOS! ¡INCLUSO LAS KRUSTY KOSHER SIN LEVADURA!
¡SANTO CIELO!

ESTAS ROSQUILLAS NO HACEN QUE ME SIENTA TAN BIEN COMO LAS DE LA CENTRAL.
A MÍ TAMPOCO.
ADEMÁS, ES HUMILLANTE. TENGO DIGNIDAD, ¿SABÉIS?

¡POR FAVOR! ¡POR FAVOR! ¡POR FAVOR!
CREO QUE NO. ME TEMO QUE NO HAY DINERO PARA TENTEMPIÉS.
EN TIEMPOS DE CRISIS FINANCIERA HAY QUE HACER CONCESIONES.
ADEMÁS, COMO CABALLITO ERES MUY SOSO.

¡OUCH!
¡RAYOS!
¿QUERÉIS ROSQUILLAS? ¿DE VERDAD LAS QUERÉIS? QUIZÁ PODAMOS HACER UN TRATO... ¿QUÉ TAL LA MITAD DE VUESTRO SUELDO Y DE LAS PAGAS EXTRA A CAMBIO DE VUESTRAS PRECIOSAS ROSQUILLAS?

¡SÍ!
¡YUJUUU!
SMEK!
¡Y ASÍ CONSERVAMOS NUESTRA DIGNIDAD!

ESA NOCHE...
...Y POR ESO -MRMF- FAMILIA, HABRÁ QUE RECORTAR -HARF- GASTOS EN CASA -MUNCH-...

HOMER, ¿CÓMO VIVIREMOS CON LA MITAD DEL SUELDO?
LO TENGO TODO CALCULADO. AHORRAREMOS EN MI COMIDA, PORQUE EL SEÑOR BURNS NOS DARÁ TODAS LAS ROSQUILLAS QUE QUERAMOS.

¡HOMER! ¡NO PUEDES VIVIR SÓLO DE ROSQUILLAS!
CLARO QUE NO, MARGE. NECESITARÉ CAFÉ PARA MOJARLAS.
OH, Y CERVEZA.

CALMA, HOMEY. SÓLO QUIERO EL CUPÓN DE LA CAJA PARA CONSEGUIR CAMISETAS Y REGALOS.
¡NIÑO, NI TE ACERQUES A MIS ROSQUILLAS!
YOINK!
NO SÉ QUÉ TE PASA ÚLTIMAMENTE, HOMER, PERO NO QUIERO QUE DESCARGUES TUS TENSIONES EN LOS NIÑOS.

¡NO ME ENTIENDES! NECESITO ESTAR A SOLAS DONDE NADIE PUEDA ENCONTRARME. ME VOY A LA TABERNA DE MOE.
¿NO TE OLVIDAS ALGO, HOMER?

OH, SÍ.

GRACIAS, MARGE.

AL DÍA SIGUIENTE...
¿DÓNDE TIENES LAS PALAS, LOS GUANTES DE GOMA, LAS BOLSAS DE PLÁSTICO GRANDES Y LOS QUITAMANCHAS?
Oferta
Gratis un cartón de "leche sin lactosa" con cada caja. ¡Ahora, con más lactosa!
PASILLO TRES, JUNTO A LA LIMA EN POLVO.

¿ME PERMITE RECOMENDARLE LAS CAJAS DE ROSQUILLAS? ESTÁN DE REBAJA.
NO, APU, GRACIAS. A HOMER SÓLO LE GUSTAN LAS DE LA CENTRAL NUCLEAR.

SÍ, LO HE NOTADO. NO HE VENDIDO NINGUNA DE LAS MÍAS. PODRÍA **VENDER** ESAS ROSQUILLAS A UN **PRECIO ASTRONÓMICO**, PERO NO TENGO NI IDEA DE CÓMO CONSEGUIRLAS.
LO SÉ. QUIERO SABER DE QUÉ ESTÁN HECHAS, PERO TAMPOCO LAS ENCUENTRO. ES COMO SI FUERAN **ADICTIVAS** O ALGO ASÍ.

CABALLEROS, PARECE QUE EN ESTA CIUDAD EXISTE UNA **SUSTANCIA CONTROLADA** QUE **NO** CONTROLAMOS. ESO ME TRANSTORNA MUCHO. VÁMONOS.
¿QUÉ HACEMOS CON TODO ESTO PARA YA SABES QUÉ?

OH, SÍ, ESO. LOUIE, ES TU DÍA DE SUERTE. ENCÁRGATE TÚ.
¡**VALE**! QUIERO DECIR... ¡EH, UN MOMENTO!
DESDE QUE APARECIERON ESAS ROSQUILLAS, MI NEGOCIO HA PERDIDO UNOS CUANTOS PENIQUES.

OYE, MAMÁ, ¿PUEDO COMPRARME UN PASTELITO BANGLADESH? ¿PUEDO, EH? ¿PUEDO?
¿PUEDO COMPRARME UN OSITO DE GOMA MASTICABLE? ¿PUEDO, POR FAVOR? ¿PUEDO?
NO A LOS DOS. DESDE QUE HAN REDUCIDO EL SALARIO DE PAPÁ, TENEMOS QUE RECORTAR GASTOS INNECESARIOS.

OHHHHH.
¿LO VE? A ESTO ME REFERÍA. SI SIGUE ASÍ...
...TENDRÉ QUE PONER PRECIOS COMPETITIVOS Y ME QUEDARÉ SIN "ZEN Y EL ARTE DEL CAMPAMENTO FANTÁSTICO DE CAMIONES MONSTRUOSOS".
MMM. ¿ME PREGUNTO QUIÉN MÁS ESTARÁ AFECTADO?

NO QUIERO SER UN QUEJICA, PERO EL NEGOCIO DEL ZURDITORIUM HA CAÍDO MUCHO MUCHITO ÚLTIMAMENTE. LES PROMETÍ A ROD Y TODD LLEVARLOS A VER LOS "ARMÓNICOS RELIGIOSOS JAZZ BAND", PERO NO SÉ SI PODRÉ PERMITÍRMELO.
MMMM.
¡¡ZURDOS MANDAN!
YO ZURDOS
POSTERS
BÉSAME, ZURDO

Y COMO LOS PRINCIPALES COBRADORES DE SUELDOS DE ESTA COMUNIDAD YA NO DAN UNA PAGA A SUS CACHORROS, TENGO UN EXCESO DE JUGUETES DEL HOMBRE RADIACTIVO Y DEL ESCUADRÓN SUPERIOR. A CAUSA DE MI DÉFICIT FINANCIERO, NO PODRÉ ACUDIR AL GRAN RICARDO MONTALBÁN; EL AUTOR MÁS INFRAVALORADO DE LA CIENCIA FICCIÓN, EN LA "CONVENCIÓN KHAN DE CANNES".
HMMM.

SÍ, MARGE. NUESTRAS ARCAS ESTÁN ALGO VACÍAS EN ESTE MOMENTO. PENSABA AÑADIR LUCES ESTROBOSCÓPICAS Y SISTEMA DOLBY DE SONIDO AL BELÉN DE ESTE AÑO PERO, DE SEGUIR ASÍ, ESTAREMOS DE SUERTE SI PODEMOS PERMITIRNOS DOS REYES MAGOS.
MMMM.
Dónde está Waldo en la Biblia?
MODELISMO DE TRENES

¿QUIERE UNA ASAMBLEA ESPECIAL DEL AYUNTAMIENTO PARA... AH, DETERMINAR SI LAS ROSQUILLAS DE LA CENTRAL NUCLEAR SUPONEN... EJEM, UNA GRAVE AMENAZA PARA LA SALUD? DE ACUERDO. ¡EL COMERCIO Y LOS IMPUESTOS QUE GENERABA HAN CAÍDO, HE TENIDO QUE CANCELAR TRES... EH, JUERGAS Y CUATRO LIGUES. NO IMPORTA CUÁNTO DINERO GASTE BURNS EN SOBORNOS... EJEM, QUIERO DECIR, CUÁNTO DINERO TENGA, LAS FINANZAS DE LA PROSTITU... ER, DE LA POBLACIÓN SON LO PRIMERO!
ALCALDE QUIMBY

MIENTRAS...
¿QUÉ SIGNIFICA ESTO, SMITHERS? ¿DE QUÉ PROTESTA ESA GENTE FRENTE A LA CENTRAL?
¡El poder nuclear es la bomba!
¡JOE RISAS, ERES TAN SEXY!
Sensación Pecadora
NO HAGAIS NEGOCIO CON NUESTROS HIJOS
AJO
Rosquillas Pecadoras El Pastelito del diablo
¿Qué pasa con el agujero?
¿Qué meten en las squillas?
¡GABBO AL PODER!

BUENO, SEÑOR, PARECE QUE LO HAN CONVOCADO A UNA SESIÓN ESPECIAL DE LA COMISIÓN DE SANIDAD POR "DISTRIBUIR UNA SUSTANCIA ADICTIVA SIN PREVIO AVISO Y PROMOVER UNA SUSTANCIA ADICTIVA A LOS NIÑOS MERCED A UNOS ANUNCIOS PLANEADOS DEMOGRÁFICAMENTE". QUE QUIEREN HABLAR DE LAS ROSQUILLAS, SEÑOR.
¡QUÉ COINCIDENCIA!

YO TAMBIÉN QUERÍA DISCUTIR ***EXACTAMENTE*** DE ESO.

¿QUIÉN ES USTED? ¿QUÉ QUIERE?
DIGAMOS QUE SOY UN HOMBRE DE NEGOCIOS CON UNA PROPUESTA DE NEGOCIOS RELACIONADA CON NEGOCIOS DE NUESTRO MUTUO INTERÉS EN EL MUNDO DE LOS NEGOCIOS. ¿ME CAPTA?

¿ESTÁ DICIENDO QUE SI LO METO EN EL NEGOCIO ME AYUDARÁ EN ESA REUNIÓN, NO LE CAUSARÁ PROBLEMAS A MI CENTRAL, NO PROVOCARÁ HUELGAS, APAGONES O FUSIONES, Y SERÁ TAN AMABLE DE NO ROMPERME NINGUNA PIERNA? ¿LO HE ***CAPTADO***?

EXACTO.
ESPLÉNDIDO. TRATO HECHO. SMITHERS, DELE UN IMPRESO DE NUESTRO HABITUAL CONTRATO DE EXTORSIÓN CUANDO SE VAYAN.
Y CONVOQUE A LOS ABOGADOS, CIENTÍFICOS Y CÓMPLICES DE LA ***D.E.P.R.E.***

BUFFF, YA HE LLEGADO -GLUB- SEÑOR BURNS. YO -ARF- HE VENIDO TODO LO DEPRISA -UFF- POSIBLE, ¡CIELOS! -FIUUU-
NECESITABA SU PRESENCIA HACE TIEMPO, EN UNA SALA PARECIDA A ÉSTA, PERO ESE MOMENTO PASÓ. YA SABE DÓNDE ESTÁ LA SALIDA. BUENOS DÍAS.

AQUÍ KENT BROCKMAN PARA "LÍNEA CLARA". ESTA NOCHE, LAS ROSQUILLAS PECADORAS DE JOE RISAS. ¿UN PASTELITO SABROSO, NUTRITIVO Y BUENO PARA TODA LA FAMILIA O UN PRODUCTO FALSAMENTE ACUSADO POR UN PUÑADO DE IRRESPONSABLES CON DEMASIADO TIEMPO LIBRE PARA PENSAR?
AYUNTAMIENTO
ESTA NOCHE: REUNIÓN ESPECIAL DE LA COMISIÓN DE SANIDAD PARA ESTUDIAR LAS ROSQUILLAS.
MAÑANA: REUNIÓN ESPECIAL DE LA COMISIÓN DE VÍDEO PARA ESTUDIAR LA PORNOGRAFÍA (PORNOS Y ROSQUILLAS)
VOLVEREMOS CON ESTE INFORME TRAS UN MENSAJE DE NUESTRO NUEVO PATROCINADOR, LAS ROSQUILLAS PECADORAS DE JOE RISAS.
6

EJEM. ABRO ESTA... EH, SESIÓN ESPECIAL. SEÑOR BURNS, ¿QUIERE LEVANTARSE?

¿JURA USTED... EH, DECIR LA VERDAD, TODA LA VERDAD Y NADA MÁS QUE... EH, LA VERDAD?

LO JURO.

SÓLO SOY UN ANCIANO SENCILLO. NO SÉ NADA SOBRE HÁBITOS ALIMENTARIOS, CIENCIA NUTRICIONAL O CUALQUIERA DE ESOS TEMAS TAN COMPLICADOS. SÓLO LES OFREZCO UN REGALO A MIS FIELES OBREROS A CAMBIO DE SU TRABAJO Y SU SUDOR.

PARECE QUE ESTAS ROSQUILLAS REDONDAS Y CON UN EXTRAÑO AGUJERO EN MEDIO LES GUSTAN, ASÍ QUE SE LAS DOY.
MMM, EXTRAÑO AGUJERO.
EN CUANTO AL TEMA CIENTÍFICO, LES PRESENTO A MI ESTIMADO COLEGA, EL **DOCTOR OLBERMAN** DE LA DIVISIÓN DE EDUCACIÓN PÚBLICA DEL SINDICATO DE ROSQUILLAS.

SÉ QUE LA JERGA CIENTÍFICA PUEDE PARECER ÁRIDA E INTIMIDANTEMENTE COMPLICADA A LOS LEGOS, ASÍ QUE INTENTARÉ SER CLARO Y DIRECTO.
MEMORIA
FELICIDAD
ANSIEDAD
WOO-HOO!
ALL RIGHT!
SIMPLIFY!

MEMORIA
FELICIDAD
ANSIEDAD
LAS ROSQUILLAS, NO SÓLO SON ***INOCUAS,*** SINO QUE PRODUCEN BENEFICIOS NEUROLÓGICOS, YA QUE COMBATEN EL ESTRÉS, MEJORAN LA MEMORIA Y REDUCEN EL APETITO. DE HECHO, TODAS LAS PRUEBAS DEMUESTRAN CONTUNDENTEMENTE QUE, TRAS CONSUMIR ROSQUILLAS, LOS SUJETOS TIENEN MENOS HAMBRE, SON MÁS FELICES Y PUEDEN RECORDAR ***POR QUÉ*** SON FELICES.

COMO PUEDEN VER EN ESTE SEGUNDO GRÁFICO, LA CONFIGURACIÓN DE LA ESTRUCTURA MOLECULAR QUE ES LA BASE DE LA ACTUACIÓN DE LA ROSQUILLA SOBRE LAS CÉLULAS EPITELIALES DEL REVESTIMIENTO ESTOMACAL...

..Y EL GRÁFICO SETENTA Y SEIS, DEMUESTRA CLARAMENTE QUE CADA ROSQUILLA TIENE UN MAPA DE ADN ÚNICO QUE PROPORCIONA EL DELICIOSO SABOR DEL QUE DISFRUTAN. EN CONCLUSIÓN, COMO MIEMBRO DE LA COMUNIDAD CIENTÍFICA NEUTRAL E IMPARCIAL, CREO QUE LAS ROSQUILLAS NO SÓLO NO SON PERNICIOSAS, SINO QUE SON BENÉFICAS PARA LOS QUE LAS CONSUMEN. GRACIAS.
ZZZZZZZZZZZZZZZZZZZZ

¡QUE DESPIERTE TODO EL MUNDO! ¡HA TERMINADO!
MEMORIA
FELICIDAD

ESE TIPO DEL SINDICATO DE LA ROSQUILLA NOS HA ABRUMADO CON UNA INFORMACIÓN INCOMPRENSIBLE. ¡DEBE TENER RAZÓN!
PARA HABLAR EN NUESTRO FAVOR, TENEMOS AL FAMOSO CONSERVADOR Y AMANTE DE LAS ROSQUILLAS, BIRCH BARLOW.

¡VIVA!
¡VIVA!
¡VIVA EL HOMBRE!

GRACIAS, GENEROSO PÚBLICO. AMIGOS AMERICANOS, HOY NO ME PRESENTO ANTE VOSOTROS PARA HABLAR DE ESE CIUDADANO Y MARAVILLOSO FILÁNTROPO LLAMADO C. MONTGOMERY BURNS. NI TAMPOCO PARA HABLAR DE LAS ROSQUILLAS PECADORAS DE JOE RISAS, QUE SON LO MEJOR QUE NOS HA PASADO DESDE LA INVENCIÓN DEL PAN DE MOLDE A REBANADAS. HE VENIDO PARA HABLAROS DE LOS PRINCIPIOS QUE HACEN GRANDE A ESTE PAÍS.

PRINCIPIOS COMO EL CAPITALISMO SALVAJE. PRINCIPIOS COMO EL DERECHO DEL CONSUMIDOR A ELEGIR QUÉ ROSQUILLA QUIERE. PRINCIPIOS COMO LOS QUE ACABARON CON EL COMUNISMO Y EL MURO DE BERLÍN. Y TODOS ESOS PRINCIPIOS, COMPATRIOTAS AMERICANOS, SON LOS QUE HACEN A ESTE PAÍS EL MEJOR DEL MUNDO Y EL LUGAR DONDE GRANDES HOMBRES COMO C. MONTGOMERY BURNS Y GRANDES ROSQUILLAS, COMO LAS ROSQUILLAS PECADORAS DE JOE RISAS PUEDEN PROSPERAR LIBREMENTE EN EL PAÍS DE "LA LIBERTAD Y JUSTICIA PARA TODOS": GRACIAS.
¡VIVA!
¡USA!
¡USA!
¡VIVA!

¡USA!
¡USA! ¡US...!
¡BART, VA CONTRA NOSOTROS!
PERDÓN. ES QUE TODO ESTO ES CONTAGIOSO.

EH, QUIERO AGRADECERLE A BIRCH BARLOW SUS... EJEM, COMENTARIOS Y RECORDARLES A TODOS SUS LEALES FANS QUE VOTAN LO QUE ÉL LES DIGA, QUE YO... EJEM, ME CONSIDERO UN PARTIDARIO. AHORA... EH, ¿ALGUIEN QUIERE AÑADIR ALGUNA COSA?

¡YO TENGO ALGO QUE DECIR!
LA PRESIDENCIA RECONOCE A... EH, A LA MUJER CON EL PEINADO RARO.

ME LLAMO MARGE SIMPSON. Y NO TENGO CIENTÍFICOS O FAMOSOS QUE ME RESPALDEN...
...PERO COMO ESPOSA, MADRE Y MIEMBRO DE ESTA COMUNIDAD, ESTOY PREOCUPADA POR LOS EFECTOS QUE CAUSAN ESAS ROSQUILLAS.

NO TIENEN VALOR NUTRITIVO, ESTÁN ARRUINÁNDONOS A TODOS EXCEPTO AL SEÑOR BURNS, LOS ANUNCIOS ESTÁN DIRIGIDOS A LOS NIÑOS Y, AUNQUE NO PUEDO PROBARLO, JURARÍA QUE LLEVAN SUSTANCIAS ADICTIVAS.
TIENE RAZÓN.
NO LO HABÍA PENSADO.
¡ES VERDAD!

¡SOY EL PROPIETARIO DE ROSQUILLAS LARD LAD Y NADIE ME VA A ECHAR DEL NEGOCIO SIN PELEA! HE EXAMINADO UNA DE ESTAS ROSQUILLAS PECADORAS DE JOE RISAS...
...¡Y HE ENCONTRADO ALGO SORPRENDENTE! Y ES...

¡AHORA!

¡¿QUÉ SUCEDE?!
DISCULPEN.
¡ABRAN PASO!
BAM!

¡AVISO!

Algunos dicen que consumir estas rosquillas en grandes cantidades es peligroso para la salud. Creemos que esa gente es idiota. Tú no eres idiota, ¿verdad?

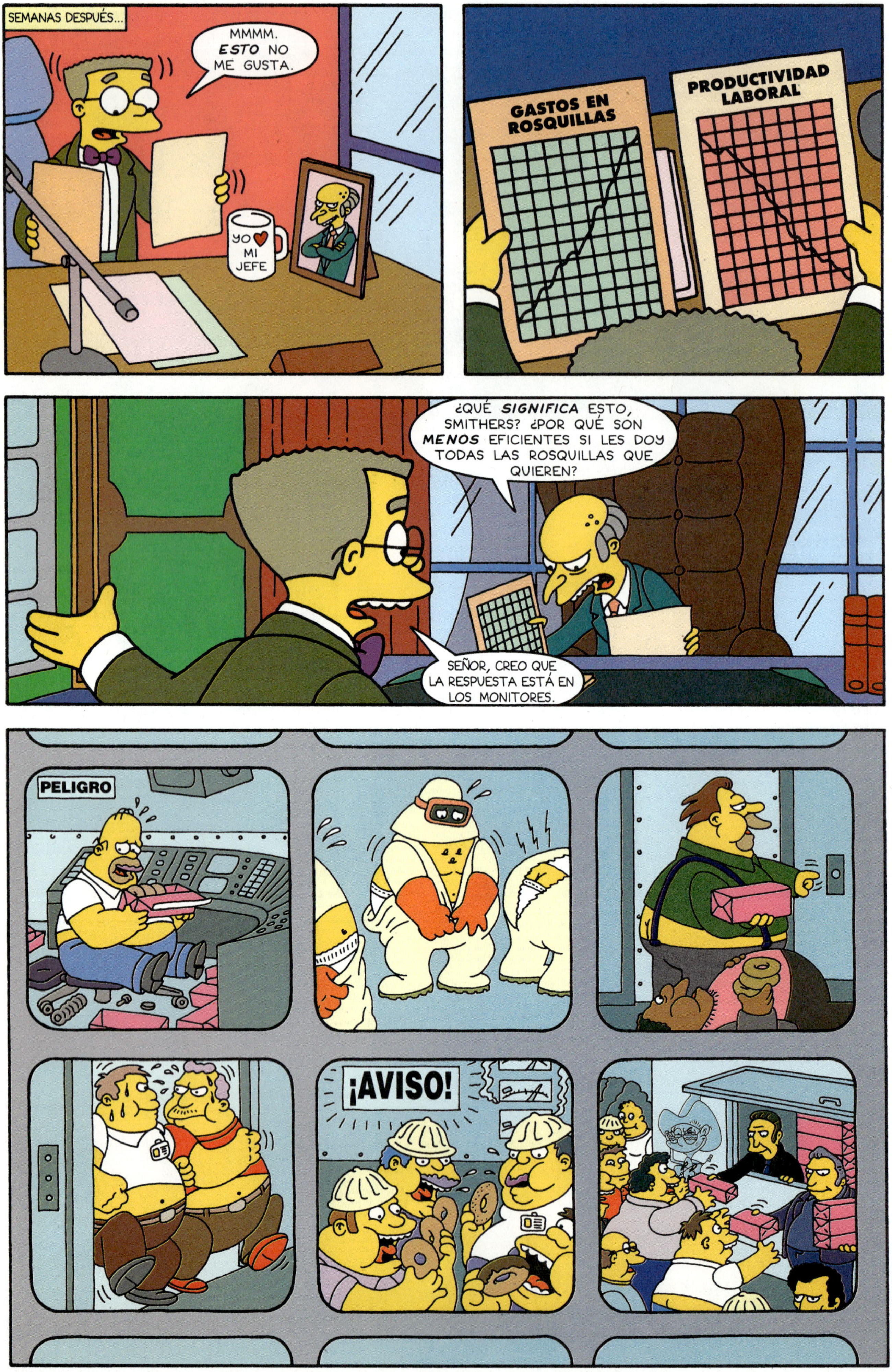

PELIGRO

¡AVISO!

¡SMITHERS, ESTO VA **MAL**! ¡ESTOY GASTANDO UNA FORTUNA EN ROSQUILLAS Y TODO LO QUE ME ENSEÑA ES UN HATAJO DE OBREROS GORDOS, PEREZOSOS, E INDOLENTES!

HEMOS DE HABLAR CON OLBERMAN... ¡AL **ASIENTO,** SMITHERS!
WRRRRRRRRRRR!
SÍ, SEÑOR.

¡OLBERMAN, MEMO, HIZO LAS ROSQUILLAS **DEMASIADO** ADICTIVAS! AHORA TODOS MIS OBREROS SON TAN RECHONCHOS QUE APENAS PUEDEN MOVERSE.

¡NECESITO QUE REDUZCA LAS PROPIEDADES ADICTIVAS DE LAS ROSQUILLAS Y QUITE LAS GRASAS, PERO SIN CAMBIAR EL SABOR O NO SE LAS COMERÁN Y TENDRÉ UNA CENTRAL LLENA DE OBREROS QUE NECESITEN UNA DESINTOXICACIÓN DE ROSQUILLAS!
¡PODRÍAMOS USAR EL **SUCEDÁNEO DE LA GRASA** QUE CREE PARA LAS PATATAS FRITAS **UAUH, QUÉ SABOR**!
¡QUÉ SABOR!

SÍ, CLARO. NO TIENE EFECTOS **SECUNDARIOS**, ¿VERDAD?
EN REALIDAD, DICEN QUE LOS SUCEDÁNEOS DE LAS GRASAS QUE HAY EN EL MERCADO PROVOCAN...
NO SE PREOCUPE. CONOZCO ESOS COMPUESTOS DE SEGUNDA FILA Y LE **ASEGURO** QUE MI SUCEDÁNEO DE LA GRASA **NO** PROVOCA TALES INCOMODIDADES.
¡EXCELENTE!

Artículos de 4ª mano San Frankie el Frugal
BIG BEN, ARTICULOS DE 2ª MANO
ARTICULOS DE 3ª MANO
ESTACAS 50% DE DESCUENTO
OFERTA
La verdad sobre el día del Apaleamiento por Bob Woodward
¡**AAAAAH**! ¡AÑORO MIS **ROSQUILLAS**!
LLEVA ASÍ DOS MESES. ¿CUÁNTO CREES QUE SE ACABARÁ ESTO?
NO SÉ. NO LE HABÍA VISTO TAN MAL DESDE QUE DUFF DEJÓ DE FABRICAR CERVEZA DE CAFÉ.

MAMÁ, ESTOY ORGULLOSA DE TI. VISTE UN PROBLEMA EN LA SOCIEDAD Y, EN VEZ DE CRUZARTE DE BRAZOS, ACTUASTE. AUNQUE TÉCNICAMENTE NO TUVISTE NADA QUE VER CON LA SOLUCIÓN Y EL PROBLEMA SE ARREGLÓ SOLO.
Y AHORA QUE PAPÁ VUELVE A COBRAR TODO SU **SUELDO** NO TENDREMOS QUE PRIVARNOS DE LAS NECESIDADES BÁSICAS DE LA VIDA. GRACIAS POR NADA, MAMÁ.

¿VEIS, NIÑOS? CUANDO TE OBSTINAS EN ALGO, PUEDES CONSEGUIRLO... AUNQUE SEA POR ACCIDENTE. PERO NO ESTOY MUY SATISFECHA CON LOS EFECTOS SECUNDARIOS DE LAS **NUEVAS** ROSQUILLAS.
¡**PISTA**! ¡ABRID PASO HASTA EL BAÑO! ¡ES UNA URGENCIA!
CREÍA QUE LOS NUEVOS SUCEDÁNEOS DE LA GRASA NO PROVOCABAN...

NO, NO LO PROVOCAN. PERO SÍ LE CAUSAN A TU PADRE UN GRAVE CASO DE **HALITOSIS**.
¡PUAJ! ¿QUÉ ES **ESO**?
¡**AHHHH**! **MUCHO** MEJOR.

DICHO CLARAMENTE, BART, QUE LE HUELE EL ALIENTO. ASÍ QUE OBLIGO A TU PADRE A CEPILLARSE LOS DIENTES ANTES DE DEJAR QUE SE ME ACERQUE.
OH, BUENO. SUPONGO QUE ES MEJOR QUE...

LO ES, BART. **CLARO QUE LO ES**.
HOMEY, ¿PODRÍAS NO ECHARME EL ALIENTO A LA CARA?
FIN

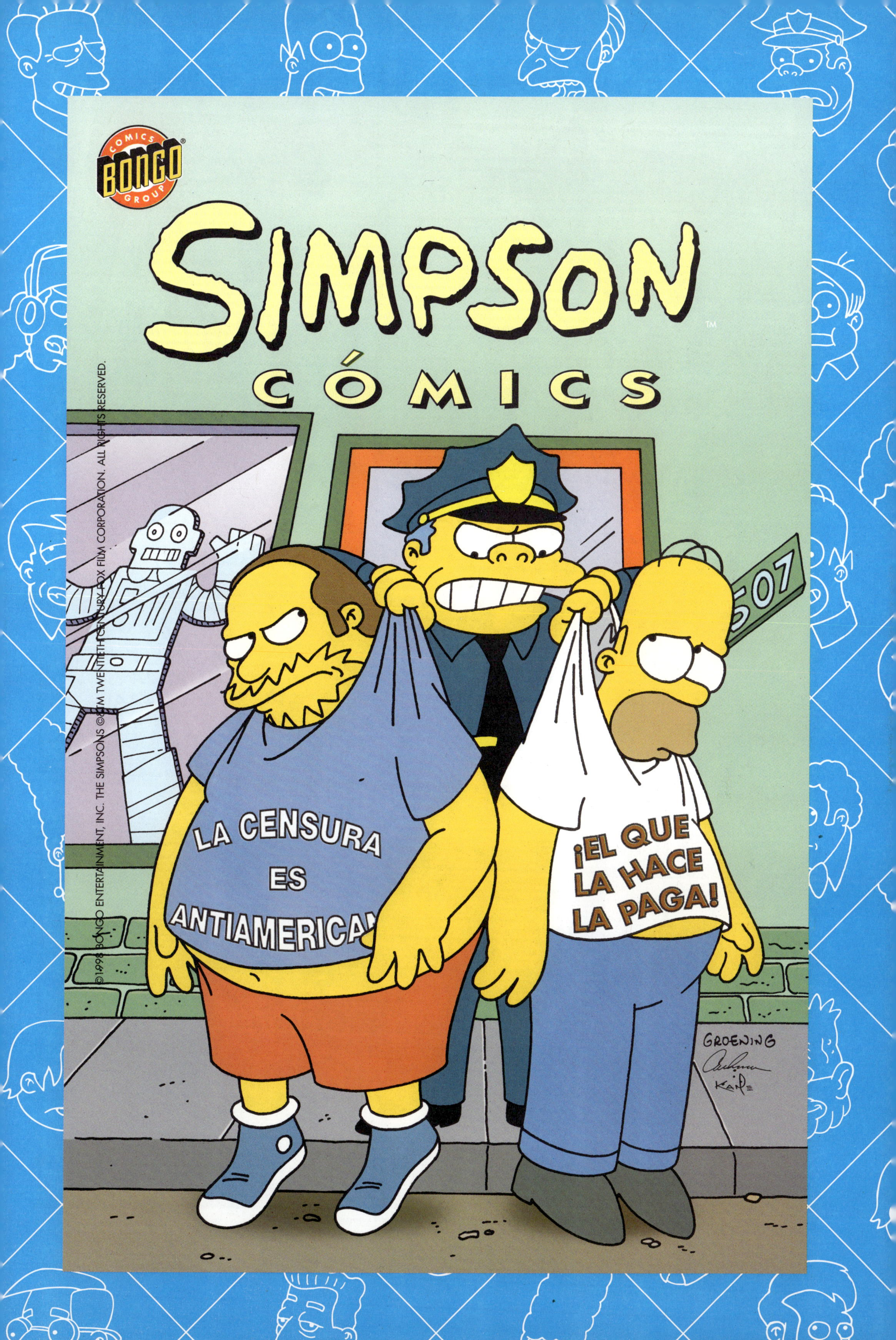
BONGO COMICS GROUP
SIMPSON CÓMICS
LA CENSURA ES ANTIAMERICANA
¡EL QUE LA HACE LA PAGA!
507
GROENING

Imprime Lifusa, S.L. - Depósito legal: B. 17.417 - 1996

BENJAMIN FRANKLIN:
LA MADRE DEL CORDERO
...Y ASÍ ES COMO BENJAMÍN FRANKLIN INVENTÓ LA ELECTRICIDAD. DESPUÉS INVENTÓ OTRAS COSAS ÚTILES COMO EL *ODÓMETRO* Y *FRANCIA*. TAMBIÉN...
BART.

NO SE LO HA TRAGADO, ¿VERDAD?
DEJÉ DE ESCUCHAR CUANDO LO LLAMASTE BENMAN.

Y...
¿**DE VERDAD** PENSABAS QUE TE SALDRÍAS CON LA TUYA, BART? ¡GRACIAS A TI, TU CLASE CREE QUE BENJAMÍN FRANKLIN FUE UN MANÍACO VENGATIVO QUE ODIABA A LOS ÁRBOLES, QUE LLEVABA UN CINTURÓN CON UNA HEBILLA GIGANTE Y HACÍA VOLAR COMETAS! ¡Y MIS CONFIDENTES DICEN QUE ESTÁS EXTENDIENDO EL RUMOR DE QUE ***DAVY CROCKETT*** NO LLEVABA UNA ***GORRA DE PIEL DE MAPACHE***, SINO UN ***SOMBRERO HONGO***!

¡BIEN, BASTA YA! VAS A PREPARAR OTRO TRABAJO DE INVESTIGACIÓN SOBRE EL PERSONAJE HISTÓRICO QUE ELIJAS... ***EXCEPTO*** EL HOMBRE QUE INVENTÓ EL RETRETE.
¿*THOMAS J. CRAPPER*?

¡¡***SÉ QUIÉN INVENTÓ EL RETRETE, SIMPSON***!!
LA SEMANA QUE VIENE HARÁS UN EXAMEN ORAL DELANTE DE *TODA* LA ESCUELA, DURANTE NUESTRA ASAMBLEA MENSUAL "***LO QUE BART HIZO MAL Y PORQUÉ NO DEBES HACERLO TÚ***".

Y PARA QUE NUNCA OLVIDES TUS PECADOS HISTÓRICOS, PREPARARÁS Y PRESENTARÁS TU TRABAJO JUNTO CON TU PADRE...

...¡HOMER J. SIMPSON!

¿QUÉ TENGO QUÉ?

QUE TIENES QUE LLEVAR EL TRAJE ANTIRRADIACIÓN CUANDO ENTRES EN EL NÚCLEO, HOMER.
SÓLO ES UNA REGLA, LENNY.
ELIGRO!
SECTOR 7-G
RIIIING!

¿DIGAAA? ¿QUÉ PASA, HIJO? ¿QUÉ TENGO QUÉ?
¿PODEMOS HACERLO SOBRE EL TIPO QUE INVENTÓ EL RETRETE?
OUCH.

Y...
¿QUÉ PODEMOS HACER? ¿QUÉ PODEMOS HACER? ¡NO SÉ HISTORIA! ¡NI SIQUIERA SÉ EN QUE MALDITO PAÍS VIVIMOS! ¿LOS ESTADOS UNIDOS? ¿AMÉRICA? ¿EL PAÍS DE LOS LAGOS?
¡NO QUIERO LEER LIBROS! ¡NO QUIERO LEER LIBROS! ¡NO PUEDO RESPIRAR!
CARAMELO ESTILO SUREÑO DEL TÍO PAPÁ
¡AHORA, CON HELADO!

PAPÁ, SÉ QUE LO CONSEGUIRÁS, QUE NO CUNDA EL PÁNICO. LO QUE TENEMOS QUE HACER ES DESPEJAR NUESTRAS MENTES PARA FACILITAR EL TRABAJO...

ESTE ENERO VEREMOS LA SERIE DE POLICÍAS MÁS ESPERADA DE LA TEMPORADA...
¡SOY EL DETECTIVE CON BOTAS Y DETECTO BOTAS!
¡EL DETECTIVE CON BOTAS! ¡EN LA CADENA FOX!

BASH!
¡RÍNDETE, FLANDERS! SABEMOS QUE TIENES EL MICROCHIP...
¿POR QUÉ SI NO NOS HABRÍAS LLAMADO, CONFESANDO QUE LO ROBASTE Y DANDO LA DIRECCIÓN EXACTA DE TU CASA?

CUBO DE CALAMARES
POPCORN
CUBO DE CALAMARES
MOLDES RUSOS PARA PAN

THUDD!
WHAMM!
PUNCH!
VIRTUAL
DESTROZA RIÑONES
3D
BIFF!!
HAPPY!!

"LLÉVAME CON TUS COMIC-BOOKS Y CROMOS DE BEISBOL"
UNA PARADA MÁS, HOMEY, Y EMPEZAREMOS A TRABAJAR.
ABIERTO
507
¡SÍ! ¡Compramos Micronautas!
PERO, YO NO QUIERO TRABAJAR...

Y...
¿QUÉ ES ESO?
ES MI SECCIÓN PARA ADULTOS.
ASÍ QUE, A MENOS QUE SEAS UN OFICIAL DE LA FLOTA ESTELAR QUE SE HA VISTO INVOLUCRADO EN UN ACCIDENTE TELEPORTADOR QUE TE HA REJUVENECIDO, NI TE ACERQUES.

-SIGH-
PARA TU INFORMACIÓN, ES UNA DE LAS MUCHAS, MUCHAS CABINAS PARA VOTAR QUE SOBRARON Y QUE COMPRÉ EN UNA SUBASTA PÚBLICA.
IBA A USARLA PARA ORGANIZAR UNA VOTACIÓN QUE DECIDIERA QUIÉN GANARÍA EN UNA BATALLA ENTRE DESAAD Y GARGAMEL...
¡SÓLO ADULTOS!

...PERO COMPRENDÍ QUE SERÍA MEJOR USARLA COMO SANTUARIO PARA LOS LECTORES ADULTOS Y DISCRIMINADOS DE ESTA LIBRERÍA ESPECIALIZADA.
¡SÓLO ADULTOS!
¡OOOOH! ¡EL AMANTE DE LADY CHATTERLY EN CLÁSICOS ILUSTRADOS! ¡OOOH, LAS AVENTURAS DE LA CHICA ESCOTADA! ¡OOOH!... ¡EY, UN MOMENTO!

ÉSTE ES SOBRE THOMAS JEFFERSON. ¡NO ES SÓLO PARA ADULTOS! ¡NUNCA FUE SÓLO PARA ADULTOS!
¡SÓLO ADULTOS!
CÓMICS HISTRIÓNICOS

LO QUE SOSTIENE EN SU MANO ES EL Nº 28 DE CÓMICS HISTRIÓNICOS, EL COMIC-BOOK QUE UNE LA HISTORIA CON UN HORROR QUE HIELA LA SANGRE. CREO QUE EL TÍTULO DEL EPISODIO DE ESTE MES ES: ¡YO, THOMAS JEFFERSON, CANÍBAL! ES SÓLO PARA ADULTOS.
¿THOMAS JEFFERSON ERA CANÍBAL?

EL MES PASADO REVELARON QUE BILLY CARTER ERA UN HOMBRE-LOBO QUE CULTIVABA CACAHUETES.
¡OOOOOH!
#28
CÓMICS HISTRIÓNICOS
¡YO, THOMAS JEFFERSON, CANÍBAL!
Nosotros El Pueblo

"¡EUGENE V. DEBS Y SU IMPÍO SINDICATO DE VAMPIROS!", "¡ENTERRADO VIVO, POR ELIZABETH CADY STANTON!", "¡DE MEESE, EL REY-GUSANO!", ¡NOS HA TOCADO EL PREMIO GORDO, PAPÁ! ¡CON TANTO MATERIAL, PODRÍAMOS HACER OCHO TRABAJOS!
CÓMICS HISTRIÓNICOS

¡CLARO QUE ES UNA BUENA IDEA, MARGE! EL CHICO NUNCA HA ESTADO TAN INTERESADO EN SUS DEBERES. ¡DEBERÍAN TRATAR TODOS ESTOS TEMAS: MATEMÁTICAS QUE PROVOCAN CICATRICES MENTALES! ¡CIENCIA QUE PONE LA PIEL DE GALLINA! ¡INGLÉS QUE PRODUCE TRAUMAS!
¿CON QUIÉN HABLAS, PAPÁ?
CÓMICS HISTRIÓNICOS

¡OH!, CREÍ QUE ERA MARGE. SEGURO QUE HUBIERA PROTESTADO.
CÓMICS HISTRIÓNICOS

OYE, HOMER, ¿POR QUÉ CENTRARNOS EN UN SÓLO PERSONAJE HISTÓRICO? ¡PODRÍAMOS HACER UNA PANORÁMICA DE TODA LA HISTORIA NORTEAMERICANA!
CÓMICS HISTRIÓNICOS
¡SR. PRESIDENTE, NECESITAMOS QUE FIRME ESTOS...! ¡OH!
¡HAS DESCUBIERTO MI SECRETO! ¡MORIRÁS POR ESTO, HUMANO!
¡CUIDADO CON EL AMARGO AGUIJÓN DE FDR,EL INVASOR DE LA ATLÁNTIDA! ¡LA VERDADERA HISTORIA DEL NEW DEAL!
BUENA IDEA, CHICO. LES DEMOSTRAREMOS QUE LOS SIMPSON SOMOS LISTOS, NO SÓLO LISA CON SUS MATES Y SU INGLÉS.
¡AUUUGHHH!

¡LA CERVEZA BILLY FUE FABRICADA PARA CONVERTIR A MILLONES DE CLIENTES EN HOMBRES-LOBO!
¡¡DIOSMÍO, DIOSMÍO!! ¡ESTOY EN EL GRUPO DE RIESGO!
CÓMICS HISTRIÓNICOS

...SÓLO TENGO QUE RECORDAR QUE GEORGE WASHINGTON CORTÓ EL CEREZO...
BART, AUNQUE VERTE HUMILLADO ANTE TODA LA ESCUELA ME PROPORCIONA UNA GRAN SATISFACCIÓN, ME ALEGRA VER QUE VIENES PREPARADO...
...PORQUE HE INVITADO A GENTE MUY IMPORTANTE.

«TRAS ESCUCHAR SUS QUEJAS EN LA CONFERENCIA ANUAL "LO QUE BART HA HECHO ESTE AÑO Y CÓMO PODEMOS ASEGURARNOS QUE ESOS INCIDENTES NUNCA SE REPETIRÁN", HE INVITADO A LUMINARIAS TALES COMO»:
"...EL ALCALDE QUIMBY, CUENTISTA INTOLERANTE..."
"...MAUDE Y NED FLANDERS, SENSIBLES A LAS OBSCENIDADES..."
"...EL REVERENDO LOVEJOY Y HELEN, SU ALARMISTA ESPOSA,..."

"...EL SEÑOR BURNS, EL PERPETUAMENTE ENFADADO JEFE DE TU PADRE Y SU NERVIOSO PELOTA, WAYLON SMITHERS..."
"...EL IMPLACABLE AGENTE DE LA LEY, EL JEFE WIGGUM..."
"...Y EL LÍDER JUDÍO FAVORITO DE SPRINGFIELD, EL RABINO HYMAN KRUSTOFSKI."

¿SUPONE QUE VAMOS A ASUSTARNOS Y/O IMPRESIONARNOS? ¡DÍGALE A ESOS LÍDERES POLÍTICOS Y RELIGIOSOS QUE SE PREPAREN: LA HISTORIA VA A DARLES UNA PATADA EN EL CULO!

NO
ME
TOQUE.
VALE.

LA MAYORÍA DE USTEDES HA CRECIDO USANDO LA PASTA DE DIENTES QUE "ELLOS" QUERÍAN QUE USASEN, BEBIENDO LA COLA QUE "ELLOS" HAN HECHO GANAR EN PRUEBAS DE SABOR, APRENDIENDO LA HISTORIA QUE "ELLOS" QUIEREN QUE APRENDAN.
PERO, ¿Y SI LES DECIMOS QUE "ELLOS" NO LES HAN CONTADO TODA LA HISTORIA?

¡POR EJEMPLO, CRISTÓBAL COLÓN NO BUSCABA AMÉRICA CUANDO LLEGÓ A NUESTRO CONTINENTE EN 1492! ¡SÓLO BUSCABA UNA TIERRA RICA EN OXÍGENO PARA PLANTARSE A SÍ MISMO Y CULTIVAR UN EJÉRCITO!
¡PORQUE LA VERDAD ES QUE COLÓN ERA UNA CRIATURA MITAD HOMBRE-MITAD CEBOLLA, QUE SE ALIMENTABA A SÍ MISMA Y A SU HORRIBLE EJÉRCITO DE CEBOLLAS CON LA MÉDULA ESPINAL DE INOCENTES HUMANOS!

¡MAMÁ!
URRRMMMM...

TREINTA SEGUNDOS DESPUÉS...
LO SIENTO, AMIGOS -SNIFF- FRUNCIRÍA EL CEÑO COMO VOSOTROS, PERO NO PUEDO DEJAR DE LLORAR... -SNIFF-
DESPÍDETE DE TU PADRE, JOVENCITA. NO VOLVERÁS A VERLO EN MUCHO TIEMPO.
¿POR QUÉ? ¿DE QUÉ LO ACUSAN?

DESPUÉS QUE LOU SALIERA CON ESE SACO DE ARENA DE 25 KGS., LE ENCONTRAMOS ESTOS CÓMICS ENCIMA.
¿Y QUÉ?
COMICS HISTRIÓNICOS
"¿Y QUÉ?" -JRMPH- ¡YO DIRÍA LO MISMO SI ESTOS CÓMICS NO FUERAN OBSCENOS!

EN SPRINGFIELD, SI LLAMAS A CRISTÓBAL COLÓN HOMBRE-CEBOLLA DEVORADOR DE MÉDULAS, VAS A TENER QUE LAVAR TU ROPA SUCIA EN PÚBLICO...
...Y TE GARANTIZO QUE ENCONTRAREMOS COSAS MUY SUCIAS. ESTA VEZ FUE CONTRABANDO DE COMIC-BOOKS, MERECEDORES DE UNA CONDENA DE ÓRDAGO. ¡800 AÑOS!

¡VALE, VALE, LO ADMITO! ¡YO ROBÉ LA BOMBA ATÓMICA DE LA EXPOSICIÓN NUCLEAR DEL MUSEO DE SPRINGFIELD!
LA NECESITABA POR SI FLANDERS SE METÍA CONMIGO. ESTÁ ESCONDIDA EN...
¡SIMPSON, ESTAMOS HABLANDO DE ALGO **SERIO**! ¡HABLAMOS DE **SUCIOS Y ASQUEROSOS TEBEOS**!
¡¡MUERTE A BART!! ~BOB

¿QUÉ? ¿COMIC-BOOKS? ¿ME HAN ARRESTADO POR MIS **COMIC-BOOKS**?
ASÍ QUE **SON** SUYOS.
EH, LOU... TIENEN UNA PEGATINA QUE DICE: "DE LA BIBLIOTECA DE HOMER SIMPSON."

PERO, LOS COMPRÉ PARA MI HIJO Y PARA MÍ.
¿SE LOS ENSEÑÓ A SU **HIJO**?
CLARO. ME EXPLICÓ TODO LO QUE NO ENTENDÍA, COMO QUE LAS SANGUIJUELAS GIGANTES PUEDEN ADOPTAR FORMA HUMANA.

¡**SIMPSON**, SE ESTÁ JUGANDO 180 **AÑOS** POR LO BAJO! ¡**COMPRA** DE MATERIAL OBSCENO! ¡**TRANSPORTE** DE MATERIAL OBSCENO! ¡**LECTURA PÚBLICA** DE MATERIAL OBSCENO! ¡**EMBOLSADO Y PROTECCIÓN** DE MATERIAL OBSCENO CON LA ESPERANZA DE QUE ALGÚN DÍA AUMENTE SU VALOR!
¿DE **DÓNDE** SACÓ ESAS COSAS?

DE ESE LUGAR EXTRAÑO CON LA COSA EN EL ESCAPARATE.
VAMOS, LOU.

¡TODOS FUERA MENOS EL GORDO!
HOT PIZZA
STAR WARS

OH, ER... ME REFERÍA AL DEPENDIENTE GORDO. LOS DEMÁS GORDOS PODÉIS IROS... INCLUIDO TÚ, COMANDANTE.
SOY CAPITÁN.
CABALLEROS, CABALLEROS, POR FAVOR, LES ASEGURO QUE HAY MUÑECOS DE SIPOWICZ CON VERDADERO SUDOR DE SOBRA. NO HAY NECESIDAD DE...

¡MANOS ARRIBA, TÍO RARO! ¡VAS A IR AL TALEGO! ¡TÚ, TU PIZZA Y TUS GUARRADAS A CUATRO COLORES!
PARA SU INFORMACIÓN, MUCHAS SON EN BLANCO Y NEGRO. LAS DEMÁS ESTÁN COLOREADAS MEDIANTE UN PROCESO DE ALTA TECNOLOGÍA QUE...
PIZZA

CUÉNTASELO AL JUEZ, AMO DEL CALABOZO.

PONEDLO TODO PATAS ARRIBA, AMIGOS. NECESITAMOS ENCONTRAR MÁS PRUEBAS Y EL "BETTY Y VERÓNICA" DE ESTE MES PARA EL JEFE. SEGÚN PARECE, TIENEN ALGUNOS PROBLEMAS AMOROSOS CON ARCHIE.
¡DIOS SANTO, NO!
CÓMICS NUEVOS
BATMAN
RADIOACTIVE MAN
ACTION COMICS

SERÁ MEJOR QUE EMPIECES A DARNOS RESPUESTAS, DICK TRACY, O... ESTA CIUDAD SE TOMA LA OBSCENIDAD &%$$# EN SERIO.
¡EY!

VIGILA ESA LENGUA!
OH, LO SIENTO. ¡NO VOLVERÁ A SUCEDER!

¿POR QUÉ TE HAN TRAÍDO, FORASTERO?
SEÑOR SIMPSON, ¿ESTÁ ATRAPADO EN UN UNIVERSO PARALELO? ¿UNO EN EL QUE USTED NO ES UN AUTÓMATA DESCEREBRADO? LOS AGENTES DEL ORDEN ME TRAJERON PORQUE CREEN QUE LOS CÓMICS QUE LE VENDÍ SON OBSCENOS.

¡DIOSMÍO, TÚ TAMBIÉN AQUÍ!
SEÑOR SIMPSON, USTED LES DIJO QUE FUI YO. PARA EMPEZAR, ¿POR QUÉ NO ME CONTÓ QUE ESTABA HACIENDO UN TRABAJO DE HISTORIA? ¡NO LE HUBIERA VENDIDO ESA CHORRADA HISTRIÓNICA! ¡LE HUBIERA SUGERIDO QUE HICIERA UNA BIOGRAFÍA DE JACK KIRBY, HARVEY KURTZMAN O EL INDOMABLE DAVE "REVERSO LUMINOSO" BERG!

ESCÚCHEME ATENTAMENTE. TENEMOS QUE ESTAR UNIDOS. INTENTARÁN VOLVERNOS UNO CONTRA OTRO, COMO HICIERON CON KIRK Y SPOCK EN EL EPISODIO "AMOK TIME". YO ME REPRESENTARÉ A MÍ MISMO, Y LE SUGIERO QUE ME DEJE REPRESENTARLO TAMBIÉN A USTED.
¿TIENE EXPERIENCIA?

HE SIDO TESTIGO DE LOS MAYORES CASOS DE LA HISTORIA: "FLASH INVERSO VS. FLASH", "EL JUICIO DE GALACTUS", Y HE LEÍDO TODAS LAS AVENTURAS DE MARY WORTH.
¡OOOOH!

HOLA, SOY KENT BROCKMAN Y ESTOY HORRIBLEMENTE ASQUEADO. ¿EL OBJETO DE MI REPULSIÓN? LOS COMIC-BOOKS.
ANTES, ERAN EL SAGRADO BASTIÓN DE LA INOCENCIA Y NOS DABAN SUAVE Y LIMPIA FELICIDAD POR POCO DINERO. AHORA, IMAGINEN QUE LOS KATZENJAMMER KIDS HUBIERAN CRECIDO Y CONVERTIDO EN SKINHEADS, Y QUE LA DULCE NANCY FUERA UNA FURCIA BARATA... ESO ESTÁ PASANDO HOY DÍA.

BIEN, USTEDES DIRÁN QUE HACE AÑOS QUE LOS SKINHEADS Y LAS FURCIAS SON PROTAGONISTAS DE MUCHAS COMEDIAS EN HORARIO PUNTA. NO IMPORTA, DIGO YO. PORQUE ESTOS CÓMICS, CÓMICS HISTRIÓNICOS, CRUZAN LA RAYA DEL MUNDO DEL ENTRETENIMIENTO CUESTIONABLE PARA ENTRAR EN EL OSCURO TERRENO DEL MATERIAL OBSCENO.
Y PARA PROBARLO, ENSEÑAMOS EJEMPLARES DE ESTOS HORRIBLES TEBEOS A NIÑOS JÓVENES E IMPRESIONABLES, PARA DEMOSTRAR QUE PRODUCEN UN REPENTINO Y PERMANENTE DAÑO A SUS FRÁGILES Y SENSIBLES MENTES.
CÓMICS HISTRIÓNICOS

"SUS REACCIONES FUERON DE UNA INMEDIATA Y VOMITIVA REPULSIÓN..."

"...A LA SIMPLE NEGACIÓN DE LOS HORRORES PRESENCIADOS..."
TIENE MAL GUSTO.

"O AL TRAUMA PROFUNDO... ALGUNOS, HASTA SE CUESTIONARON LA MISMA EXISTENCIA DE DIOS."
-SNIFF- NO PUEDO -SNIFF- DEJAR DE -SNIFF- LLORAR...
¡DIOS, ¿ESTÁS AHÍ?! SI EXISTES, DETÉN TODO ESTO.

¿Y QUÉ HAY DE LOS HOMBRES QUE HAN TRAÍDO ESTA PLAGA DE LASCIVIA A NUESTRA TRANQUILA COMUNIDAD? BUENO, EL EMPLEADO DE LA CENTRAL NUCLEAR, QUE ERA UN CLIENTE ENFERMO, Y EL PROPIETARIO DE LA TIENDA DE CÓMICS QUE LE SUMINISTRABA EL MATERIAL HAN SIDO EXCARCELADOS HOY A LA ESPERA DEL JUICIO.
GRACIAS A LA CONSTITUCIÓN DE LOS ESTADOS UNIDOS, ESA BASURA PUEDE CAMINAR POR LAS CALLES LIGERAMENTE SUCIAS DE NUESTRA CIUDAD.

NO SÉ QUÉ ES MÁS PERVERSO, SI ESOS HORRIBLES EXPERTOS EN TRUCOS LEGALES O NUESTRO SISTEMA LEGAL NORTEAMERICANO. EN DIRECTO, KENT BROCKMAN, AÚN ASQUEADO, DESDE EL EXTERIOR DE LA ESCUELA DE SPRINGFIELD.
HOMER, HACE UNA HORA QUE HAS SALIDO DE LA CÁRCEL. YA PUEDES QUITARTE ESO.

¡ES QUE ES TAN CÓMODO! ¡NO NECESITA CINTURÓN!
NO LO ENTIENDO, HOMER. ¿QUÉ HICIMOS DE MALO?
CLICK!
¡MÁTALO, BUFFY! DATE PRISA, POR FAVOR, QUE SE ACABAN LAS REBAJAS.

BIEN, CHICOS, LO QUE HICE FUE COMPRAR 18 COMIC-BOOKS QUE EL GOBIERNO CREE QUE SON DEMASIADO DESAGRADABLES PARA SER LEÍDOS POR CUALQUIER SER VIVIENTE.
ESPERA. ¿ESTÁS DICIENDO QUE YO PODRÍA ESCRIBIR PALABRAS Y DIBUJAR DIBUJOS TAN REPUGNANTES QUE LEERLOS SERÍA UN CRIMEN?
AJÁ.

CLICK!
¡ALLY, NO PUEDES PEDIRLE ESO!
¡ESE JUEZ VA A MANDAR A NUESTRO CLIENTE, A LA SILLA ELÉCTRICA!
SKRITCH
SKRITCH
¡AJÁ! NO CREO QUE LLEVE NADA DEBAJO DE LA TOGA EXCEPTO ESOS ZAPATOS ITALIANOS TAN BONITOS.

¿QUÉ TAL ESTO?
NO.
¿ESTO?
NO.
¿ESTO?
NO.
FLIP
FLIP
FLIP

¿ESTO?
¡PREMIO! ¡ÉSE ES EL TIPO DE COSAS QUE ME HA ENVIADO A CHIRONA!

PAPÁ, LA PRIMERA ENMIENDA DE LA CONSTITUCIÓN DE LOS ESTADOS UNIDOS DICE QUE EL CONGRESO NO PUEDE HACER LEYES QUE ATENTEN CONTRA LA LIBERTAD DE EXPRESIÓN O DE PRENSA.
TU **DERECHO CONSTITUCIONAL** TE PERMITÍA COMPRAR ESOS CÓMICS, COMO LE PERMITE A BART DIBUJAR ESE...
GAAAAURRRK.
SÍ, EXACTO. TENÍA **DERECHO**. Y QUIZÁ LE PERMITAN EJERCER ESE DERECHO EN ALGÚN LUGAR CERCA AL PLANETA QUORSHAN-B.

¿QUIÉN?
SOY EL PROPIETARIO DE **LA MAZMORRA DEL ANDROIDE**, Y HE VENIDO A DISCUTIR LA **ESTRATEGIA LEGAL** CON MI CO-DEFENDIDO.
¿Y CÓMO HA ENTRADO?

TRAS USAR UNA CAJA-MADRE PARA PROYECTARME AL **FUTURO**, ACCEDÍ A LA TRANSCRIPCIÓN DE NUESTRO JUICIO. DESPUÉS, PASÉ CIERTO TIEMPO TRABAJANDO PARA LA FEDERACIÓN, REUNIENDO EXPERIENCIA EN CONSEJOS DE GUERRA.
Y POR FIN, USÉ UN PROCEDIMIENTO EXPERIMENTAL CON LOS SENSORES DE LA SALA DE TRANSPORTE, QUE ME PERMITIÓ TELEPORTARME HASTA AQUÍ, A VUESTRO SALÓN.

VALE, LA PUERTA ESTABA ENTORNADA. ASÍ QUE, UM, VAYAMOS AL GRANO.

¡OOOH! ¡ME ENCANTA LO QUE HAS HECHO CON EL **UNIFORME DE LA CÁRCEL**!
NADA, PEQUEÑOS CAMBIOS. ES LA ROPA MÁS CÓMODA QUE HE LLEVADO NUNCA! NO NECESITA CINTURÓN.
SPRING CÁRCE
SPRINGFIELD CÁRCEL

EL GOBIERNO HA ODIADO LAS TIENDAS DE COMIC-BOOKS DESDE EL PRINCIPIO DE LOS TIEMPOS. LOS COMIC-BOOKS NO SÓLO DESPIERTAN EL ANSIA DE VERDAD Y JUSTICIA, SINO QUE TAMBIÉN SON UN FORO DE IDEAS IMPORTANTES, COMO EL YA CLÁSICO HOMBRE-RADIACTIVO VS. EL BONG VIVIENTE.
SPRINGFIELD CÁRCEL

SPRINGFIELD HA SIDO UN AMBIENTE ESPECIALMENTE HOSTIL PARA EL MEDIO. TRAS ESTE CHISTE PUBLICADO EN EL COMPRADOR DE SPRINGFIELD, EL ALCALDE QUIMBY PROHIBIÓ TODOS LOS CHISTES POLÍTICOS.
EN 1980, CUANDO UN JOVEN SE ASFIXIÓ CON EL Nº 4 DE SECRET WARS, LA CIUDAD CERRÓ "LA COMIQUERÍA", DICIENDO QUE LOS CÓMICS ERAN PELIGROSOS PARA SER LEÍDOS POR EL PÚBLICO.
DOS AÑOS DESPUÉS, "EL ARTE SECUENCIAL" FUE ELIMINADO DEL NEGOCIO PORQUE LA CIUDAD PENSÓ QUE FLASH ERA UN SUPERHÉROE QUE DERROTABA A SUS ENEMIGOS DESLUMBRÁNDOLOS AL DESNUDARSE.
DIAMANTE JOE: EL MUSICAL
¡Vino, mujeres y mala conducta!
DIAMANTE JOE sólo era de CIRCONITA
CERRADO POR ORDEN DEL AYUNTAMIENTO
LA COMIQUERÍA
El Comprador de Springfield
Eliminada pesadilla supernudista

CREEN QUE PUEDEN HACERNOS A UN LADO PARA IMPONER SUS PROPIOS Y RETORCIDOS PLANES, Y ABRIR ESTABLECIMIENTOS COMO CAFETERÍAS QUE MANCHAN EL NOMBRE DE LOS AMADOS PERSONAJES DE GALÁCTICA.
UNO A UNO, MIS COMPETIDORES HAN IDO CERRANDO... NO PORQUE MI MARKETING SEA MEJOR, SINO POR UN GOBIERNO TECNOCRÁTICO Y OPRESOR. SABÍA QUE UN DÍA VENDRÍAN A POR MÍ. PERO ESTOY PREPARADO.

¡LIS, PAPÁ ESTÁ A UN PASO DE LA CÁRCEL DEL ESTADO! DEBEMOS HACER ALGO.
BART, ESTO NO ES COMO BUSCAR UN LIBRO DE HECHIZOS QUE ANULE UNA MALDICIÓN ZOMBI O LEER UN ANTIGUO TEXTO JUDAICO PARA ENCONTRAR ARGUMENTOS QUE JUSTIFIQUEN LA CLONACIÓN... ES LA LEY CONTRA LA OBSCENIDAD. ¡NOS LLEVARÁ TIEMPO!

LOS ABOGADOS, LOS AGENTES DEL GOBIERNO, ESA HORRIBLE ORGANIZACIÓN "VIVA LA GENTE"... CONOZCO SUS TÁCTICAS. TODOS ELLOS SON SUPERSTICIOSOS Y COBARDES. ¡NO SÓLO LUCHARÁN EN EL TRIBUNAL Y NOSOTROS HAREMOS LO MISMO!
SEÑOR SIMPSON...

...¡POR FAVOR, APAGUE MI LINTERNA DE LA FEDERACIÓN Y DEVUÉLVAMELA!
VALE.
NUESTRA PRIORIDAD ES GIRAR LA TORTILLA. PARA TENER ALGUNA ESPERANZA DE GANAR ESTE CASO, TENEMOS QUE MANIPULAR A LA PRENSA QUE NOS HA PRESENTADO COMO MONSTRUOS...

¡NO PODEMOS RENDIRNOS! ¡TENGO QUE PENSAR EN MI FAMILIA Y EN MOE, Y TÚ EN TU LEGIÓN DE CLIENTES LLENOS DE ESPINILLAS! ¡UTILIZAN LA TELE CONTRA ***NOSOTROS***, ASÍ QUE NOSOTROS LA USAREMOS CONTRA ***ELLOS***!

PONDREMOS UN ANUNCIO CON UN CLÁSICO DEL ROCK, Y CHICAS EN BIKINI, Y COCODRILOS PARLANTES QUE DIGAN "***¡HOMER J. SIMPSON Y... ER, ESE TIPO QUE ES DUEÑO DE LA TIENDA DE COMIC-BOOKS NO SON UNOS PERVERTIDOS!***"

¡MUY ***BUENA IDEA***! PERO NECESITAREMOS DINERO.

BAMM!

BUENOS DÍAS A TODOS. SE ABRE LA SESIÓN. ANTES DE EMPEZAR, ME GUSTARÍA AGRADECER A LOS "VECINOS DE SPRINGFIELD A FAVOR DE LOS NIÑOS, LAS FAMILIAS Y LAS MASCOTAS BIEN ADIESTRADAS" POR LA MARAVILLOSA CESTA DE FRUTA QUE ME HAN ENVIADO ESTA MAÑANA.

¡ÁNIMO, SEÑORÍA!
V.S.F.N. F.M.B.A.

BUENO, SERÁ DURO PARA EL JURADO, PERO VEREMOS LO QUE PUEDO HACER. QUE LA DEFENSA EMPIECE SU ALEGATO.
SR. SIMPSON, SE QUEDARÁ DESLUMBRADO.
SPRINGFIELD CARCEL

¿CUÁNDO APRENDERÉIS, POBRES HUMANOS? LA MASA ES MÁS FUERTE QUE VOSOTROS, Y MÁS LISTA. LA MASA OS APLASTARÁ.
NO SOY LA MASA, POR SUPUESTO. PERO LA MASA TIENE RAZÓN, NO SOIS MÁS QUE POBRES HUMANOS. ¡PEOR AÚN, SOIS POBRES HUMANOS QUE SE ENGAÑAN A SÍ MISMOS PENSANDO QUE PODÉIS SER TAN JUSTOS COMO LOS GUARDIANES DE LA GALAXIA, GALACTUS O INCLUSO KLAATU!

¿NO TENÉIS PREJUICIOS? ¡COMO SI ESTUVIERAIS PROTEGIDOS DE ESTE MUNDO POR VUESTROS PROPIOS TANQUES BACTA, A SALVO DE LOS RANCORS Y LOS YAMBARS DE INFLUENCIA QUE SEGURAMENTE NUBLAN VUESTRO JUICIO!
¡NO SOIS DATAS O VIGILANTES IMPARCIALES, NI SIQUIERA TODOPODEROSOS! SOIS SKRULLS, CYLONES Y MIEMBROS DEL IMPERIO DRACONIANO, ALECCIONADOS EN DISPOSICIONES Y PAUTAS DE PENSAMIENTO.
INGFIELD CARCEL

SEÑORÍA, CREO QUE NECESITAMOS UNA TRADUCCIÓN.

¿ALGUIEN HABLA EL... EL IDIOMA QUE HA USADO?
JOHWI'VAD MAMUGHLAH.
HA DICHO "NOSOTROS PODEMOS TRADUCIRLO, SEÑORÍA", EN KLINGON.

...HABLAN EN *ARGOT*, TODO EL DÍA, CON REFERENCIAS A ALIENÍGENAS, SUPERHÉROES Y MONSTRUOS JAPONESES PARA EXPLICAR SUS RETORCIDAS ARGUMENTACIONES. SOBRE SUS REFERENCIAS A LOS CÓMICS HISTRIÓNICOS PUSIERON ENFERMOS A VARIOS DE LOS JURADOS Y HOMER SIMPSON, BUSCANDO UN LAVABO, SE *ALIVIÓ* EN EL ROPERO DEL JURADO.
SMA
¿DIRÍAN QUE LA DEFENSA LO TIENE *DIFÍCIL*?

BART, HE BUSCADO EN TODOS LOS CASOS FEDERALES A NIVEL LOCAL. CREO QUE TENEMOS UN PROBLEMA.
LISA, ¿DE QUÉ TE SIRVE UNA HABILIDAD INVESTIGADORA DE PRIMERA Y UN GRAN VOCABULARIO SI NO PUEDES LIBRAR A TU PADRE DE UNA ACUSACIÓN DE OBSCENIDAD?
PUEDEN PREPARARSE PARA UNA CADENA PERPETUA.
DE ACUERDO. DEBERÍAN PASAR LOS PRÓXIMOS DÍAS USANDO CIGARRILLOS COMO MONEDA. PARA IRSE ACOSTUMBRANDO.

TODOS LOS CASOS: "OREJAS DE PERRO DAVE VS. CALIFORNIA", "TIENDA DE COMIC-BOOKS GALÁCTICA VS. TEXAS" Y "TODOS LOS LECTORES NORTEAMERICANOS DE CÓMICS VS. OKLAHOMA", TERMINARON EN CONDENAS. LOS DEFENSORES NO PUDIERON CONVENCER AL JURADO DE QUE DEJASE DE PENSAR EN LOS ***ASPECTOS SENSACIONALISTAS*** DE LOS CASOS Y EMPEZARAN A PENSAR EN LA ***PRIMERA ENMIENDA***.
¿JU QUÉ?

¡***JURADO***! ES LA GENTE QUE SE SIENTA A UN LADO Y DECIDE EL CASO.
OH, PENSABA QUE ERAN LOS MEJORES ASIENTOS.

¡BART, EL QUE SEGÚN LA LEY TODOS TENGAN DERECHO A UN JUICIO RÁPIDO ANTE UN JURADO JUSTO E IMPARCIAL COMPUESTO POR SUS SEMEJANTES, ES UNO DE LOS PRECEPTOS MÁS BÁSICOS DE LA VIDA AMERICANA! ¿DÓNDE ESTABAS DURANTE LA CLASE DE SOCIALES?
LEYENDO CÓMICS, SOBRE TODO. ME CONFORME CON SABER LO QUE SIGNIFICA "SEMEJANTES".

¡***UN MOMENTO***!

SR. SIMPSON, EL JUICIO VA **MAL**. ***NO LE GUSTAMOS AL JUEZ, NO LE GUSTAMOS AL JURADO, Y LA ESTENÓGRAFA*** LE TIRÓ SU ***MÁQUINA*** EN MITAD DE SU TESTIMONIO. CREO QUE NECESITAMOS UNA NUEVA ESTRATEGIA. POR SUERTE, TENGO UNA.
DIJO QUE SE LE ***RESBALÓ***.

¡HOMER! ¡HUIR A COSTA RICA NO ES LA SOLUCIÓN!
¡ALLÍ ABAJO HAY TODA CLASE DE FÁBRICAS AMERICANAS: DE COCHES, DE SOPAS ENLATADAS, DE BANDERAS AMERICANAS! ¡CONSEGUIRÉ UN TRABAJO Y CUANDO ESTÉ ESTABLECIDO, OS ENVIARÉ A BUSCAR!
PATATAS FRITAS
PATATAS FRITAS
SPRINGFIELD
BIDÓN DE ACEITE PERCUSIVO

¡HOMER, ALLÍ PAGAN 80 CENTAVOS LA HORA!
SÍ, MARGE. PERO LAS CASAS SÓLO CUESTAN DOCE MIL DÓLARES.
¡HOMER, ESPERA!
CHICHARRONES
9 kilos de puff (una variedad de queso)

CREO QUE TENEMOS UNA DEFENSA.

AL DÍA SIGUIENTE...
DURANTE ESTE JUICIO, LA DEFENSA HA ENFERMADO, ENFURECIDO, ABURRIDO AL JURADO, Y PROVOCADO QUE ESTALLE EL APÉNDICE DE UNO DE ELLOS. AHORA QUIERE QUE UN NIÑO DE DIEZ AÑOS HAGA SU ALEGATO FINAL.
A ESTAS ALTURAS, ¿POR QUÉ NO? PUEDE PROCEDER.

MIEMBROS DEL JURADO, ME PRESENTO, SOY UN COMIQUERO.
¡GLUB!
¡DIOS MÍO!
ER, ¿UN QUÉ?

ESTOS HOMBRES HAN LEÍDO Y COLECCIONADO COMIC-BOOKS. ÉSOS TAMBIÉN.
¿ALGUNO DE USTEDES CONOCEN LOS COMIC-BOOKS QUE SE PUBLICABAN CUANDO SE CONVIRTIERON EN JURADOS? ¿HAN ENTRADO ALGUNA VEZ EN UNA TIENDA DE COMIC-BOOKS? MIEMBROS DEL JURADO, ¿SABEN SIQUIERA QUIÉN ES BOLTHEAD? ¿O ABIN-SUR? ¿O EL HERMANO VUDÚ? NO ESPEREN LA TRADUCCIÓN... ¡RESPONDAN A LA PREGUNTA!
TRADUCTORES

SÓLO LEO A LOS CLÁSICOS Y BIOGRAFÍAS DE OTROS ACTORES SECUNDARIOS.
¿QUIÉN DICE QUE NO CONOZCO LOS CÓMICS? ¡AHRRR! ¡ME CRIÉ LEYENDO LAS HILARANTES AVENTURAS DE GARFIELD Y ODIE!
¿ESE "HERMANO VUDÚ" TIENE PÁGINA WEB?

SEÑORÍA, SEGÚN MI HERMANA PEQUEÑA, NUESTRO SISTEMA JUDICIAL SE BASA EN EL DERECHO DE SER JUZGADO POR UN JURADO DE SEMEJANTES. ¡SR. JUEZ, ALEGO QUE NINGUNO DE LOS MIEMBROS DE ESTE JURADO SON SEMEJANTES DE LOS ACUSADOS!
¡NO SON FANS DE LOS CÓMICS, NI SIQUIERA DE LA CIENCIA-FICCIÓN. ¡SÓLO SON PERSONAS NORMALES, SEÑORÍA! SI QUIERE JUZGAR CON JUSTICIA A ESTOS HOMBRES... ¡LLENE LOS BANCOS DEL JURADO CON COMIQUEROS! ES ASÍ DE SIMPLE, SEÑORÍA. HE TERMINADO.

EN CONCORDANCIA CON EL ACTA DE LITIGIOS DE SPRINGFIELD, DIGO QUE... VALE, PROBEMOS CON COMIQUEROS.
¿EUH?

CUATRO DÍAS DESPUÉS...
NOSOTROS, EL JURADO, ENCONTRAMOS A LOS ACUSADOS... ¡INOCENTES DE TODOS LOS CARGOS!
METRÓPOLIS U
LIBERAD A HAL JORDAN
LARGA VIDA A LA LEGIÓN
QUIERO CREER DE VERDAD, DE VERDAD, DE VERDAD
MEJOR GOG QUE MAGOG

¡OH, GRACIAS AL HACEDOR... QUIERO DECIR, GRACIAS A DIOS!
¡HURRA POR MIS HERMANOS!
¡LO CONSEGUISTE, HIJO MÍO!

NO OBSTANTE, EL JURADO HA DECIDIDO PRESENTAR NUEVAS ACUSACIONES QUE, AUNQUE ANTICONSTITUCIONALES, SON PERMITIDAS EN VARIOS PLANETAS DE LA FEDERACIÓN.
ACUSADO UNO, LEVÁNTESE.
METRÓPOLIS U
¿EUH?
LARGA VIDA LA LEGIÓN
¿QUÉ?
QUIERO CREER DE VERDAD, DE VERDAD, DE VERDAD
MEJOR GOG QUE
¿CÓMO?

LO DECLARAMOS CULPABLE DE CONDESCENDENCIA, DE PORTADAS ARRUGADAS, DE PRECIOS ABUSIVOS, DE USAR SEPARADORES CON MUCHO ÁCIDO, DE VENDER CÓMICS MANCHADOS DE ACEITE, DE ESTROPEAR EL FINAL DE "LA MUERTE DE SUPERMAN" Y DE CHANTAJEAR AL ENCARGADO DE LA SECCIÓN DE MUÑECOS DEL "COMPRA Y AHORRA" PARA QUEDARSE TODOS LOS NUEVOS MUÑEQUITOS DE "¡HIP, HIP, HURRA YODA!".

ACUSADO DOS: LO DECLARAMOS CULPABLE DE DECIR QUE LA REVISTA MAD ES UN COMIC-BOOK, DE QUE BATMAN Y ROBIN SEA SU SERIE FAVORITA Y QUE, EN EL TRANSCURSO DE ESTE JUICIO, HA LLAMADO VARIAS VECES AL JURADO "COMIQUEROS FRIKIS" Y NOS TIRASE SUS ZAPATOS.
POR ESAS OFENSAS A NUESTRAS MÁS SAGRADAS CREENCIAS, LOS CONDENAMOS A SER...

...¡¡COLGADOS EN PÚBLICO!!

AISLE 1000
¡BUFFF, QUÉ CALOR. NO SÉ TÚ, PERO YO ME QUITO LOS PANTALONES.
DOS HOMBRES PASADOS DE PESO ACUSADOS DE OBSCENIDAD OS DAN LA BIENVENIDA A LOS ENCUENTROS EN LA FASE DE COMIC BOOK IX
CONGO COMICS
SALIDA
¡ESTÁ FIRMANDO COMIC-BOOKS EL ABOGADO DEFENSOR Bart Simpson. SALA 79-B
RAROS
SUPER RAROS
FIN.

El Día que Cesaron las BRONCAS

GUIÓN IAN BOOTHBY · LÁPIZ JULIUS PREITE · TINTA TIM HARKINS · COLOR CHRIS UNGAR · EDITOR BILL MORRISON · BASURERO NOCTURNO MATT GROENING

Y...
¡AHÍ VOY!
BRONCAS
APRETAR AQUÍ
EVERGREEN TERRACE 742
RAYOS DE CONDUCTA PARA TONTOS

VREEEP!

MÁS TARDE...
UH... ¿MAMÁ? ¡HE VUELTO! ¿QUIERES DECIRME ALGO?

¡SÍ, VETE A JUGAR! ¡Y TOMA DINERO PARA UN HELADO!
¡GRACIAS!

¡FUNCIONÓ! ¡SE ACABARON LAS BRONCAS! ¡GRACIAS, CIENCIA ÉTICAMENTE CUESTIONABLE!

¡EH, BART! YA SABES EL REFRÁN: "CUANDO EL CÉSPED MÁS DE UN PIE MIDA, DEBERÍAS PODARLO DESPUÉS DE LA COMIDA."
TENGO QUE USAR EL RAYO EN FLANDERS.
UH... GRACIAS.

¡EH, CHICOS! ¡UN HELADO PARA MÍ!
NO SÉ, BART. ¿DE VERDAD TE LO MERECES? NO HAS ORDENADO TU CUARTO.
BNL

¿NO DEBERÍAS ESTAR HACIENDO LOS DEBERES? ¡ESAS TABLAS DE MULTIPLICAR NO SE APRENDEN SOLAS!
¿EUH?

¡EH, TÚ! ¿POR QUÉ HOLGAZANEAS CUANDO TUS PERTENENCIAS NECESITAN REACONDICIONARSE?
¿QUÉ?

¡ARGH! ¡NECESITAS LAVARTE LAS OREJAS, CHICO!
ACH! DU HAST DEINE SCHONE HOSEN MIT SCHOKOLADE GESCHMUTZ!*
¡SÍ! ¡Y LIMPIA LAS MANCHAS DE TU PERRO!
¡EL RAYO! ¡HA AFECTADO A TODO EL MUNDO! ¡TODA LA CIUDAD ME ESTÁ ABRONCANDO COMO HACÍA MAMÁ! TENGO QUE ESCONDERME EN EL ÚLTIMO LUGAR DONDE ME BUSCARÍAN.
*¡TE HAS MANCHADO TUS BONITOS PANTALONES DE CHOCOLATE!

BIBLIOTECA PÚBLICA DE SPRINGFIELD

PIDE NUESTRAS LISTAS DECIMALES DIARIAS
¡LISA!
POR ESAS BRONCAS, SUPONGO QUE HAS UTILIZADO UN RAYO EXPERIMENTAL PARA MODIFICAR LA CONDUCTA.
SI, ¿POR QUÉ NO TE HA AFECTADO?
LAS EXPLICACIONES PARA DESPUÉS. ¡AHORA TENEMOS QUE INVESTIGAR!

¿QUÉ PUEDO HACER PARA DETENERLOS?
LA ÚNICA FORMA DE ROMPER EL CÍRCULO DE BRONCAS ES HACER TODOS TUS DEBERES, Y ESTAR LIMPIO Y PRESENTABLE.
TIENE QUE HABER OTRA FORMA...
KRASH!
UNPOPULAR SCIENCE MAGAZINE

¡ORDENA TU COLECCIÓN DE CÓMICS!
CRASH!
LIMPIA ESTE CRISTAL QUE ACABAMOS DE ROMPER.
¡VETE A CASA, BART! ¡LIMPIA, ORDENA Y DESINFECTA POR TU PROPIO BIEN!

HORAS DESPUÉS...
¡YA ESTÁ, SE ACABÓ! ¡TODO ESTÁ LIMPIO! ES HORRIBLE, ES UNA ESPECIE DE PESADILLA...
CERA

"DE PESADILLA..."
¡PESADILLA...!
DESPIERTA, LLEGARÁS TARDE AL COLEGIO.

¡MALDICIÓN, MAMÁ! ¡TENÍA UN SUEÑO MARAVILLOSO!
¡OH, DEJA DE QUEJARTE, ORDENA TU CUARTO Y VETE AL COLEGIO!
¡SÍ, MAMÁ!
FIN.

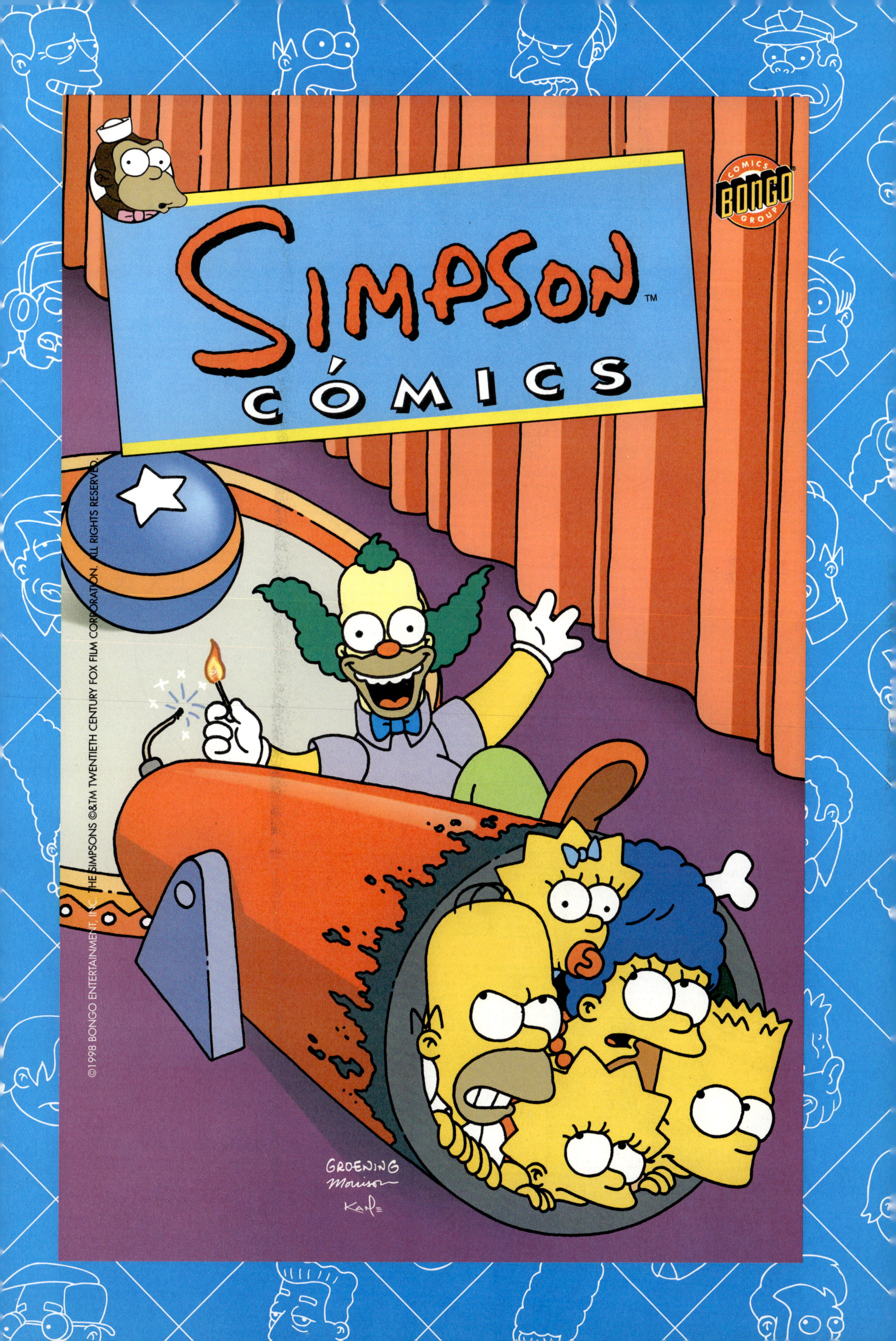

BONGO COMICS GROUP
SIMPSON™
CÓMICS
©1998 BONGO ENTERTAINMENT, INC. THE SIMPSONS ©&TM TWENTIETH CENTURY FOX FILM CORPORATION. ALL RIGHTS RESERVED.
GROENING

Imprime Lifusa, S.L. - Depósito legal: B. 17.417 - 1996

¡HOMER SIMPSON! ¿QUÉ HACES EN MI CASA, CASITA? ¡SON LAS TRES DE LA MAÑANA!

MOE TUVO QUE CERRAR EL BAR A MEDIA PARTIDA. ¡POR SUERTE, RECORDÉ QUE TÚ TENÍAS UN BAR CON MESA DE BILLAR Y QUE NUNCA CIERRAS!
PERO... ¡MI PUERTA ESTABA CERRADA! ¡CON LLAVE! ¿CÓMO HABÉIS ENTRADO?

CONTESTARÉ YO... ¡LLAVES MAESTRAS DE TODAS LAS CASAS DE LA CIUDAD!

Y...
¡HOMER, ESTOY SEGURA QUE ES LA MEJOR IDEA QUE JAMÁS HAYAS TENIDO! ¿NO PUEDES ESPERAR HASTA MAÑANA?
¡PIÉNSALO, MARGE! NUESTRA PROPIA SALA DE JUEGOS, COMO LA DE LOS FLANDERS... ¡AQUÍ, EN NUESTRO SÓTANO! TENDREMOS UNA MESA DE BILLAR, Y UNA MÁQUINA DE DISCOS... ¡Y UN BAR! ¡UN BAR COMPLETO, CON UNO DE ESOS PRECIOSOS BORRACHOS DE PLÁSTICO CON LOS PANTALONES CAÍDOS Y QUE VOMITAN WHISKEY HASTA EN EL ESPEJO!

¿DÓNDE VAMOS?
SÍGUEME. QUIERO ENSEÑARTE UNA COSA.

¡MIRA ESTE DESASTRE! NI SIQUIERA HAY SITIO PARA UN PING-PONG, MUCHO MENOS PARA UN BAR Y UNA MESA DE BILLAR. NO PIENSO DEJAR QUE TE MONTES TU CLUB PRIVADO HASTA QUE VACÍES EL SÓTANO... ¡EMPEZANDO POR ESA CABEZA OLMECA!
PERO, MARGE, ES UN REGALO DE MI JEFE. ¿Y SI VIENE A CASA...?
¡NI SIQUIERA SE ACUERDA CÓMO TE LLAMAS! ¿QUÉ TE HACE PENSAR QUE VENDRÁ A VISITARTE?
LO SIENTO, HOMER, PERO SI QUIERES UN SALÓN DE JUEGOS... LÍBRATE DE ELLA.

DÍAS DESPUÉS, EN LOS ESTUDIOS KRUSTYLÚ...
TU CAFÉ IRLANDÉS, KRUSTY.
GENIAL. ¿QUÉ HAN DICHO ESOS ACTORES INÚTILES Y DESAGRADECIDOS?
Clownoisseur

NADA BUENO. SIGUEN FIRMES AMENAZANDO CON UNA HUELGA, A MENOS QUE LES PAGUES HORAS EXTRAS POR TU GRAN ESPECIAL EN CADENA Y A HORA PUNTA.
¡¡**RAYOS**!! ¿NO COMPRENDEN QUE **NECESITO** EL DINERO DEL ESPECIAL PARA PAGAR MIS DEUDAS DE JUEGO A ***TONY EL GORDO***?

POR CIERTO, LAS AMENAZAS DE MUERTE DEL SEÑOR D'AMICO SIGUEN LLEGANDO CADA HORA. NO OBSTANTE, TENGO UNA BUENA NOTICIA.
BUENO, NO ESTARÍA MAL PARA VARIAR.
Clownoisseur

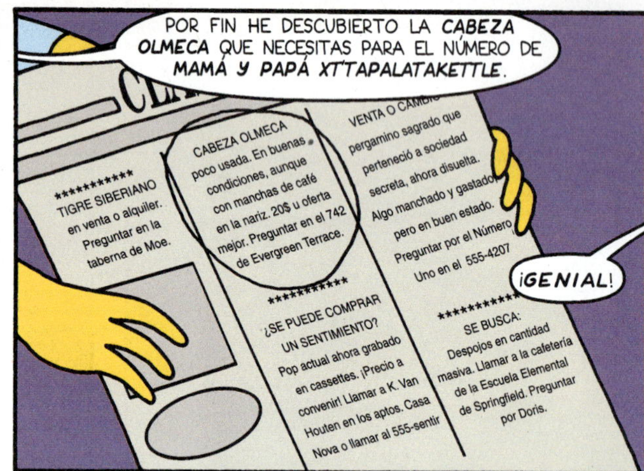
POR FIN HE DESCUBIERTO LA ***CABEZA OLMECA*** QUE NECESITAS PARA EL NÚMERO DE ***MAMÁ Y PAPÁ XT'TAPALATAKETTLE***.
*********** TIGRE SIBERIANO en venta o alquiler. Preguntar en la taberna de Moe.
CABEZA OLMECA poco usada. En buenas condiciones, aunque con manchas de café en la nariz. 20$ u oferta mejor. Preguntar en el 742 de Evergreen Terrace.
*********** ¿SE PUEDE COMPRAR UN SENTIMIENTO? Pop actual ahora grabado en cassettes. ¡Precio a convenir! Llamar a K. Van Houten en los aptos. Casa Nova o llamar al 555-sentir
pergamino sagrado que perteneció a sociedad secreta, ahora disuelta. Algo manchado y gastado pero en buen estado. Preguntar por el Número Uno en el 555-4207
*********** SE BUSCA: Despojos en cantidad masiva. Llamar a la cafetería de la Escuela Elemental de Springfield. Preguntar por Doris.
¡**GENIAL**!

TELEMARATÓN KRUSTY para los Enfermos de las Señas
SEÑOR TEENY, AQUÍ KRUSTY. TRAE EL COCHE, BAJO ENSEGUIDA.

DESPEDIR A MI CHÓFER Y CONTRATAR A ESE CHIMPANCÉ EN SU LUGAR HA SIDO LA MEJOR IDEA QUE HE TENIDO. NUNCA SE QUEJA CUANDO LE DIGO QUE SE SALTE LOS SEMÁFOROS.
BA-VOOOOM!

OH, OH. OTRA VEZ TONY EL GORDO. LLAME A MANTENIMIENTO Y QUE RECOJAN AL SEÑOR TEENY. DÍGALES QUE ESTA VEZ VA DIRECTO AL DEPÓSITO DE AGUA.
¡CIELOS, ***NADA*** HUELE PEOR QUE UN CHIMPANCÉ ***CHAMUSCADO***!

Y...
¡OH, HOLA, KRUSTY! ¿HA VENIDO A VER A BART?
¿A QUIÉN?
UH, NO, SEÑORA SIMPSON, ESTA VEZ NO. VENIMOS POR LO DE LA CABEZA.

¡OH, **MARAVILLOSO**! ESTÁ EN EL SÓTANO... ACOMPÁÑENME.

MI MARIDO ESTÁ LIMPIÁNDOLO, ASÍ QUE HAY UN MONTÓN DE BASURA DESPARRAMADA. ¡CUIDADO DONDE PISAN!
GREASE

VALE, AHÍ VOY... OOH... AAH.

...CUIDADO CON ESO... UPS...

...UNO MÁS... ¡**LO CONSEGUÍ**!
¡AHÍ VOY, KRUSTY!

¡OOOOH!
TRIP!

¡CUIDADO, PENNYCANDY! ¡**OUCH**!

KRA-BASH!
¡AAAAGH!
BASURA ROTA E INÚTIL PARA DONARLA AL EJÉRCITO DE SALVACIÓN (SOBRE TODO METAL MELLADO)

¡KRUSTY! ¡¡KRUSTY!!
¡SE HA DESMAYADO!
¡OH, NO! ¡LLAMARÉ AL MÉDICO!

¿CONSULTA DEL DOCTOR HIBBERT? ¿ESTÁ EL DOCTOR?
ER... NO, NO SE ENCUENTRA MUY BIEN. ¡SOY EL DOCTOR NICK RIVIERA!
¡OH! ¡HOLA, DOCTOR NICK!

¡HOLA, ENCANTADORA DAMA! ¡SUSTITUYO AL DOCTOR HIBBERT MIENTRAS SE RECUPERA!
BUENO, UH... ¡VENGA DEPRISA, POR FAVOR! ¡HA HABIDO UN TERRIBLE ACCIDENTE!

¡OH, NO! ¡TENDRÉ QUE SOPORTAR QUE DIGAN QUE SOY EL NIÑO CUYOS PADRES MATARON AL PAYASO MÁS QUERIDO DE TODA AMÉRICA!
¡SHHH! VUELVE EN SÍ.

¡BIEEEN! ¡SEGUIRÁN LLAMÁNDOME BART SIMPSON, EL MAYOR FAN DE KRUSTY!
¡Y, ALGÚN DÍA, SU ACOSADOR MÁS FAMOSO!

¡ABRE LOS OJOS!
¿UH? ¿QUÉ HACÉIS AQUÍ, IDIOTAS?

BLINK! BLINK!

MARGE, BART, LISA, OS HA HECHO UNA PREGUNTA. NO SEÁIS DESCORTESES.
PERDÓN, OS CONFUNDÍ CON OTROS.

UN MOMENTO, TENGO UNA IDEA... ¡SÍ! ¡ESO ES! ¡LA RESPUESTA A TODOS MIS PROBLEMAS!

¡POR FIN ME SERVIRÁ DE ALGO LA SEMANA QUE ESTUVE TRABAJANDO COMO EXTRA EN EL PROGRAMA DE JERRY LEWIS, "EL MÉDICO MEDICADO"!
¡AAARGH! ¡OH, EL DOLOR! ¡QUÉ DOLOR! ¡CIELOS, QUÉ DOLOR TAN DOLOROSO! ¡OH, QUÉ INCÓMODO ESTOY AQUÍ!

MEDIA HORA DESPUÉS...
BUENO, LO HE EXAMINADO Y NO PARECE QUE HAYA...

¡TE DOY VEINTE PAVOS SI ME DECLARAS INAMOVIBLE!

COMO IBA DICIENDO, POR NADA DEL MUNDO HAY QUE MOVER AL PACIENTE. ¡TENDRÁ QUE ESTAR VARIOS DÍAS RECUPERÁNDOSE Y TODO ESO! ♫¡ÓRDENES DEL MÉDICO!♪
$20

DÍGALE AL DOCTOR HIBBERT QUE ESPERO QUE SE RECUPERE PRONTO DE SU HISTERECTOMÍA.
-JE, JE- ¡CLARO! ¡BUENO, ADIÓS A TODOS!
¡ADIÓS, DOCTOR NICK!

VALE, KRUSTY, SÉ CUANDO ESTÁS ACTUANDO. ¡NO ESTÁS REALMENTE ENFERMO! ¡PODRÍAS RESISTIR UNA CAÍDA COMO ESA HASTA DURMIENDO! ¿QUÉ TE PROPONES?
¡EL ESCONDITE PERFECTO, ESO ME PROPONGO! EMITIREMOS EL PROGRAMA DESDE AQUÍ, Y TONY EL GORDO Y SUS MATONES NO PODRÁN ENCONTRARME!

¡ADEMÁS, LOS SIMPSON HARÁN DE ACTORES!
¿Y SI SE NIEGAN?
¿TE SUENAN LAS PALABRAS "DEMANDA POR RESBALÓN Y CAÍDA"?

"¡AHORA, COGE EL TELÉFONO, LLAMA AL ESTUDIO Y DILES QUE LO TRAIGAN TODO: DECORADOS, TRAJES, ACCESORIOS, EQUIPO... TODO!"
MMM, QUÉ RARO. ¿DÓNDE IRÁ ESE CAMIÓN CON TODO EL MOBILIARIO DEL ESTUDIO? TENEMOS QUE SEGUIRLO Y DESCUBRIRLO.
¡ABAJO CON EL PAYASO!
¡KRUSTY ES UN VAGO!
¡BASTA YA DE LOCURAS!

ECURITY
OYE, TONY EL GORDO, ¿ESTÁN LOS CHICOS DE KRUSTOFSKI SIGUIENDO A ESE CAMIÓN?
BIEN PENSADO, PIERNAS. ESTO NO ME GUSTA.
¡VALE, JEFE!
LOUIE, SIGUE A ESE COCHE.

¡BUENO, PARECE QUE TENDRÉ QUE QUEDARME UNA TEMPORADA! ¡EH, NIÑO! VEAMOS QUÉ DAN EN LA TELE, MIENTRAS **MAMUCHI** NOS PREPARA ALGO DE COMER.
UN BOCATA DE CARNE ME IRÍA DE MIEDO. CORTA LA CARNE **SUPERFINA,** PERO **SIN QUITARLE** LA GRASA. ¡Y QUE LA **MOSTAZA** SEA DIJON!
¡YA LO HAS OÍDO, **MAMUCHI**! ¡**CHOP, CHOP**!
DING DONG!

GRRRRR. LISA, MIRA A VER QUÉ ENCUENTRAS DE COMER PARA NUESTRO "**INVITADO**". YO ABRIRÉ LA PUERTA.
¡VALE, MAMUCHI!
¡**CORTA ESE ROLLO**!

¡EY, ES TU PROGRAMA! ¡DEBE SER UNA REPOSICIÓN!
SÍ, TODA LA SEMANA PASAMOS "**LO MEJOR DE**". ÉSTE ES UN **MONTAJE** DE TODOS MIS **ANUNCIOS**.
PON LA PARABÓLICA.
¡VOLVEMOS CON "**LO GUAL DE KRUSTY**"!
¡**EY, EY, NIÑOS**! ¡COGED UN **MARTILLO** Y **ROMPED** VUESTRAS HUCHAS, PORQUE TENGO UN **PRODUCTO KRUSTY** QUE **NO PODRÉIS VIVIR SIN ÉL**!

LO SIENTO, PERO **NO** TENEMOS PARABÓLICA.
¿**NO**? ¿ESTÁS DE COÑA?
LO SÉ, LO SÉ. ES UNA LARGA HISTORIA.
¿CÓMO DE LARGA?
UNOS VEINTE MINUTOS.

¡KRUSTY, EN LA PUERTA HAY UNOS TRANSPORTITAS Y UN CAMIÓN CON EQUIPO DE TELEVISIÓN! ¡DICEN QUE HAN VENIDO POR EL GRAN ESPECIAL EN CADENA Y A HORA PUNTA QUE VAN A GRABAR **AQUÍ**! ¡LES HE DICHO QUE DEBE SER UNA **EQUIVOCACIÓN**!
¡OH, NO, NO LO ES! ¿NO OS LO HE DICHO? ¡COMO NO PUEDO MOVERME, TENDRÉ QUE EMITIR MI GRAN ESPECIAL EN DIRECTO DESDE VUESTRO SALÓN!
¡GENIAL!
¡ASEGÚRATE DE MONTAR UN BUEN ESCÁNDALO SI NO ERES EL PRIMERO DE TU BARRIO EN TENER UN ORIGINAL AGUIJÓN ELÉCTRICO PARA GANADO DE KRUSTY EL PAYASO!

¡¿**QUÉ**?!
¡Y AÚN HAY **MÁS**! ¡VUESTRA FAMILIA OCUPARÁ EL LUGAR DE MI HABITUAL REPERTORIO DE IDIOTAS!

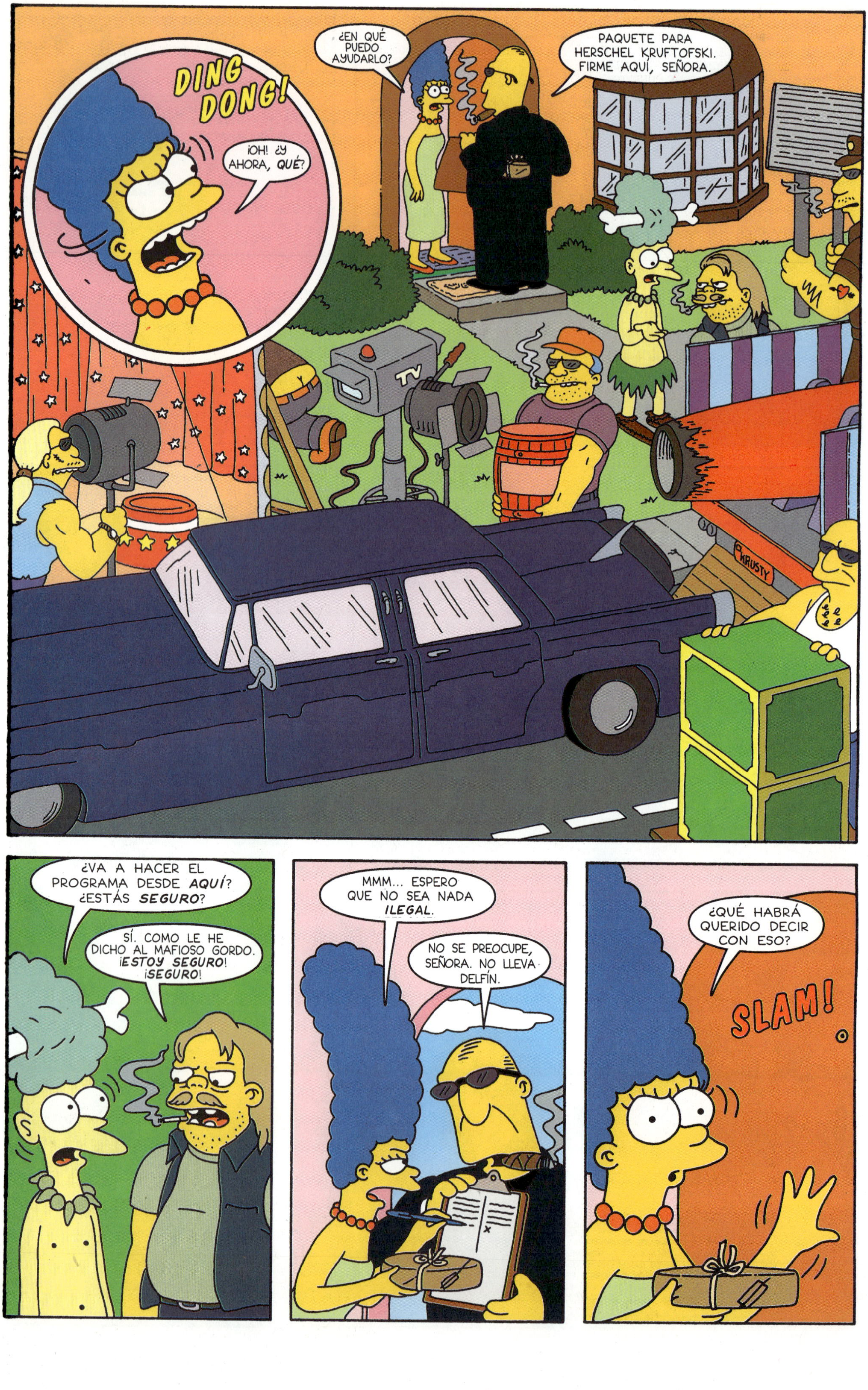

DING DONG!
¡OH! ¿Y AHORA, QUÉ?
¿EN QUÉ PUEDO AYUDARLO?
PAQUETE PARA HERSCHEL KRUFTOFSKI. FIRME AQUÍ, SEÑORA.

¡KRUSTY, TU HABITUAL REPARTO DE IDIOTAS ESTÁ EN NUESTRO JARDÍN CON PANCARTAS DE PROTESTA!
¡OH, **PERFECTO**! HABRÁN SEGUIDO AL CAMIÓN.
¿QUÉ ES ESTO?
UN PAQUETE PARA TI.

¡OH, **NO**! ¡**ESTO** NO!
TARUGO DE ATÚN TAMAÑANO FAMILIAR
ENVASADO EN AGUA NATURAL
SIN DELFÍN (ES MÁS CARO)

¡OH, ESTOY **MUERTO**!
¿DE QUÉ HABLAS? HACE MUCHO QUE COMPRO ESA MARCA DE ATÚN A MI FAMILIA. NO ESTÁ **TAN** MAL. ADEMÁS, SI NO QUIERES NO TE LO COMAS.

¡NO, NO ES PARA COMÉRMELO! ¡ES UN **MENSAJE** DE **TONY EL GORDO**! ¡SIGNIFICA QUE SI NO PAGO LO QUE LE DEBO, ME ECHARÁ A LOS PECES!
Y NO SÓLO A **MÍ**... ¡LA LATA ES DE **TAMAÑO FAMILIAR**! OBVIAMENTE, TONY SABE QUE ESTOY AQUÍ. ¡Y OS **MATARÁ** A TODOS POR **ESCONDERME**!

-GLUB-
¡OH, CIELOS!
A VER SI LO HE ENTENDIDO... ¿**NO** VAS A COMERTE EL ATÚN?

¡**YOINK**!
¡SI ALGUIEN ME NECESITA, ESTARÉ EN LA COCINA!
¡**CIELOS**!

¡OH, KRUSTY! ¿QUÉ VAS A HACER?
¿QUÉ PUEDO HACER? ¡EL ESPECTÁCULO DEBE CONTINUAR! ¡ES LA ÚNICA FORMA DE SACARME DE ENCIMA A TONY EL GORDO!

¡UN MOMENTO! ¡DEJAR QUE TE INSTALES EN MI CASA ES UNA COSA, PERO SI CREES QUE VOY A DEJAR QUE PONGAS A MI FAMILIA EN PELIGRO, NI LO SUEÑES!

¿SABE UNA COSA, SEÑORA? NO TIENE ELECCIÓN.

O HAGO MI PROGRAMA AQUÍ Y CON SU FAMILIA COMO EXTRAS -PUFF, PUFF- O MIS ABOGADOS SE PONDRÁN EN CONTACTO CON VOSOTROS -PUFF, PUFF- PARA HABLAR DEL DOLOR Y LAS HERIDAS QUE ME HA CAUSADO VUESTRA NEGLIGENCIA.

COUGH
COUGH
COUGH

COUGH
COUGH
PERDÓN, PENNYCANDY. QUERÍA ECHAR EL HUMO A LA CARA A LA SEÑORA SIMPSON POR AQUELLO DEL EFECTO DRAMÁTICO, PERO GIRAR LA CABEZA ES DEMASIADO DOLOROSO.
PUES AHORA LA ESTÁS GIRANDO.
¿QUE YO...? ¡OH, BUENO! LA AMENAZA SIGUE EN PIE.

¿ALGUNA OBJECIÓN?
GRRRRRR.
¡BIEN! ¡A PARTIR DE AHORA, NADIE SALDRÁ DE LA CASA! ¡TENEMOS MUCHO TRABAJO, ASÍ QUE A MOVERSE! ¡CHICOS, QUIERO QUE ESTE SALÓN PAREZCA Y HUELA COMO UN CIRCO!
SEÑORITA PENNYCANDY, DELE UN GUIÓN A LOS SIMPSON. ¡EMPEZAMOS DENTRO DE VEINTE MINUTOS! ¡LLAMA A MIS ASQUEROSOS GUIONISTAS Y DILES QUE QUIERO EL GUIÓN DEFINITIVO DE LA PARODIA DE TITANIC! ¡Y QUE SEA DIVERTIDO!

"¡VAMOS, GENTE! ¡A SUDAR! ¡MAÑANA POR LA NOCHE TENEMOS UN PROGRAMA QUE EMITIR!"
El Circo en Hora Punta de Krusty
¡...Y QUIERO DARLE LAS GRACIAS A TODO EL MUNDO DESDE EL FONDO DE MI MARCAPASOS! ¡JO, JO, JEY! ¡TODOS HABÉIS HECHO UN TRABAJO EXCELENTE, AUNQUE NADIE SE DÉ CUENTA!
¡ENTRAMOS A LA DE CINCO, KRUSTY!
FELICIDADES, MARGE. LOS SIMPSON VAN A SER PARTE DE LA HISTORIA DE LA TELEVISIÓN.
¡ESTOY ANSIOSA DE QUE TERMINE ESTA PESADILLA!
ER... SU HUESO ESTÁ UN POCO LADEADO.

¡EY, EY, EY A TODOS! ¡BIENVENIDOS AL CIRCO EN HORA PUNTA DE KRUSTY CON UNA INVITADA ESPECIAL, ELAYNE BOOSLER! ¡SOY VUESTRO ANFITRIÓN Y EL QUE DA SU NOMBRE AL PROGRAMA, KRUSTY EL PAYASO!

¡EH, NIÑOS! ¡ESCONDED EL MANDO A DISTANCIA DE LA TELE Y DECIDLE A VUESTROS PADRES QUE SE SIENTEN CON VOSOTROS FRENTE AL TELEVISOR PARA PASAR UN RATO DIVERTIDO PARA VARIAR! PORQUE TENEMOS TODA UNA HORA DE VIOLENCIA, SEXO, COMEDIA... ¡YA SABÉIS, TODAS ESAS COSAS QUE VEIS CADA NOCHE EN LA CADENA FOX, PERO QUE NO NOS DEJAN EMITIR POR LA TARDE!

¡COSAS COMO ÉSTA!

BOOOM!

RRRRAAOOWW!
OH, OH.

¡OOH!
¡OUCH!
¡VOLVEMOS DESPUÉS DE UN CONSEJO PUBLICITARIO DEL GOBIERNO FEDERAL, ORGULLOSOS NUEVOS PROPIETARIOS DE MICROSOFT!
¡AUCH! ¡SACADME DE ENCIMA A ESTE &%$#@ GATO!

DESPUÉS...
¡TODOS A SUS PUESTOS! ¡SE ACABAN LOS ANUNCIOS!
¡ESPERA! ¡FALTA EL SARGENTO CASTIGADOR!
¡NO PUEDO ESPERAR! ENTRAMOS EN DIRECTO...

...EN TRES... DOS... UNO... ¡AHORA!
¡OH, RAYOS!

JE, JE... ER, UH... CIELOS, OJALÁ ESTUVIERA AQUÍ ESE SARGENTO GORDO Y MAL HABLADO QUE TOCABA EL PIANO PARA DECIRLE QUE DEJASE DE HACERLO.
¡CIELOS, SERÁ UN NÚMERO MUY LARGO!

BONITA CAMISETA, KRUSTY. ¿QUIERES UNA CERVEZA?
¡HOMER, IDIOTA DESCEREBRADO! ¡ESTAMOS EN PLENO SKETCH!

¡UM, AHÍ ESTÁ, SARGENTO! ¿QUÉ LE HA PASADO A SU UNIFORME?
¿EUH? ¿DE QUÉ HABLAS...? ¡OH, CLARO! ¡EL PROGRAMA!

CRASH!
SSSSSSSSSSSS

¡EEEEEH!
¡UAH! ¡TONY EL GORDO OTRA VEZ! ¡HAZ ALGO, DEPRISA!
SSSSSSSSSSSSSS

¡NO, NO! ¡ESO NO RESISTIRÁ! ¡NECESITAMOS ALGO CONSISTENTE!

¡OH, ESTO SERÁ HORRIBLE! PERO, LO ADMITO, ES MEJOR QUE LO QUE HABÍAMOS PREPARADO.

BA-VOOOM!

¡OUCH! ¡OHH, MI CABEZA! ¡OUCH!
¡EH, ESA DINAMITA NO ME HA VOLADO LOS CALZONCILLOS, ¿VERDAD?!
¿OYE? ¿KRUSTY?

¿PODEMOS PONER ANUNCIOS?
¡UNA IDEA GENIAL, SARGENTO CASTIGADOR! ¡VOLVEREMOS DESPUÉS DE VER UN IMPORTANTE MENSAJE DE BIT-A-MINAS DE KRUSTY, EL SUCEDÁNEO DE LAS VITAMINAS!

Y SIGUEN, NÚMERO TRAS NÚMERO...
DEMANDA
SSSSS

KA-BOOOM!

HO HO
HOO
HEY!

...SKETCH TRAS SKETCH...
MOOSH!

SPLOOSH!
¡GLUB!

VWOOOSH!
CLOWN AIR

HASTA QUE...
OÍDME TODOS, DESCANSAD MIENTRAS INTERPRETO MI FAMOSA PARODIA ... ESTO, HOMENAJE A ERNIE KOVACS. DESPUÉS, EMPEZAD EL NÚMERO DE MAMÁ Y PAPÁ SKETCH MIENTRAS ME CAMBIO DE TRAJE.
¡Y DECIDLE A ESE MONSTRUO QUE SUELTE MI PELOTA! ¡NO ES UN JUGUETE!

VAYA, KRUSTY SE HA RECUPERADO MUY DEPRISA.
¡YA ERA HORA QUE ALGUIEN SE DIERA CUENTA!
¡MAMÁ, DILE A ELAYNE BOOSLER QUE SALGA DEL CUARTO DE BAÑO!

TENGO PROBLEMAS DE CONCIENCIA CON EL PRÓXIMO NÚMERO, MAMÁ. NO CREO QUE AL DIOS OLMECA DE LA GUERRA LE GUSTE SER PRESENTADO COMO EL RETRETE DE UNOS CAMPESINOS.
NO LO HE OÍDO QUEJARSE CUANDO MAMÁ GOLPEA NUESTRA ROPA CONTRA ÉL.

BUENO, SIRVE CONTRA LAS MANCHAS REBELDES.
NO QUIERO HACERLO, MAMÁ. ¡POR FAVOR, NO ME HAGAS SALIR A ESCENA!

¡A MÍ TAMPOCO, MAMÁ! ¡ESTOY HASTA EL GORRO DE ESTE ESTÚPIDO PROGRAMA!
EL CHICO TIENE RAZÓN... ¡ES ESTÚPIDO!

SÉ QUE TODOS ESTÁIS HARTOS. YO TAMBIÉN, PERO TENEMOS QUE LLEGAR AL FINAL. NO PODEMOS AFRONTAR UNA DEMANDA.
QUIZÁ PUEDA AYUDARLOS. KRUSTY TIENE QUE APRENDER QUE NO PUEDE APROVECHARSE DE LA GENTE PARA NO TENER QUE PAGAR POR SUS PROPIOS ERRORES.

¿CÓMO?
LOS ACTORES DE KRUSTY SIGUEN PROTESTANDO EN VUESTRO JARDÍN. SEGURO QUE QUERRÁN AYUDARNOS. EMPEZAD EL SKETCH, PERO PREPARAOS PARA RETIRAROS.

Y...
OYE, PA, ¿ES TU NUEVA PIPA DE MAÍZ?
¡TÚ LLÁMALA DE MAÍZ, YO LA LLAMO DE TABACO!
HO, HA, HA!
HEH, HEH!
WAH, HA HÁ!
TEE HEE!
OOK, OOK!

¡TÍO, ESAS RISAS ENLATADAS PARECEN TAN REALES QUE...! ¡UN MOMENTO!

¿QUÉ HACÉIS AQUÍ, INGRATOS? ¡FUERA DEL ESCENARIO!
¡NOSOTROS CONTROLAMOS ESTE ESPECIAL DE HUMOR Y VARIEDADES! ¡FAMILIA SIMPSON, VUESTRO CONSIDERABLE TALENTO YA NO ES NECESARIO! ¡PODÉIS MARCHAROS!

ESPERO QUE SEPAN LO QUE HACEN.
¡SUÉLTAME, NEANDERTAL!
¡YU-JUUU!
¡UUUIIII!
¡TRAED EL CAÑÓN!
¡VALE!

¡EY! -UFF- ¡QUÉ ESTÁIS...? -URK-
WHUMPH!

¡HACE **MUCHO** QUE ESPERÁBAMOS ESTO, KRUSTY! ¡SEÑOR TEENY, EL ***PASTEL DE NATA***, POR FAVOR!
¡LO LAMENTARÉIS!

SHPLATT!

¡GLUB!
SHPLOOSH!

¡NUNCA VOLVERÉIS A TRABAJAR PARA MÍ! ¡COSMO, PON LOS ANUNCIOS!

KA-BOOOOOM!

FA-WOP!

¡ESTO SÍ ES UN PROGRAMA DE CALIDAD! NO QUERÉIS TERMINAR DE VER EL DESFILE DE ROPA INTERIOR, ¿VERDAD?
¡NO, NO, ESTO NOS GUSTA!
¡SÍ, DÉJALO!
¡SHHHHHHH! ¡NO OIGO EL BUM!

¡VAMOS, CHICOS! ¡OTRA VEZ NO!
¡DOS DISPAROS DEL CAÑÓN EN UN SOLO PROGRAMA! ¡ES GENIAL! ¡NUNCA SE ME HUBIERA OCURRIDO!
MOTEL
¡SI SE TE HUBIERA OCURRIDO, SERÍAMOS LOS PROTAGONISTAS DE ESTE ESPECIAL Y NO UNOS VULGARES INVITADOS!

¡MI EX-JEFE NUNCA HABÍA SIDO TAN DIVERTIDO!
¡NO! ¡NO! ¡NO TRAIGÁIS AL GATO! ¡AAAAAAAH!
¡MEL ACTOR SECUNDARIO ESTÁ SUSTITUYÉNDOTE MARAVILLOSAMENTE! ¡ES TAN OPORTUNO HACIENDO CHISTES COMO UN RELOJ SUIZO! ¡IMPECA...!
HO HA HA HA HEE HEE
¡OS TENGO DICHO QUE NO HABLÉIS RARO!

¡EN LA TELE ES MÁS DIVERTIDO!
¡EH, ESO ES LO QUE HAGO YO!
¡JA, JA!

¿DOY ORDEN A LA FLOTA PARA QUE EMPIECE LA DESTRUCCIÓN DE LA TIERRA?
¿HAS PERDIDO TU CAPACIDAD COGNITIVA? ¡LOS TERRESTRES HAN DESARROLLADO POR FIN ALGO DIGNO DE NUESTRO RESPETO! ¡VOLVEREMOS A RIGEL 4 Y BUSCAREMOS LA FORMA DE REPRODUCIR ESTE SORPRENDENTE ENTRETENIMIENTO!

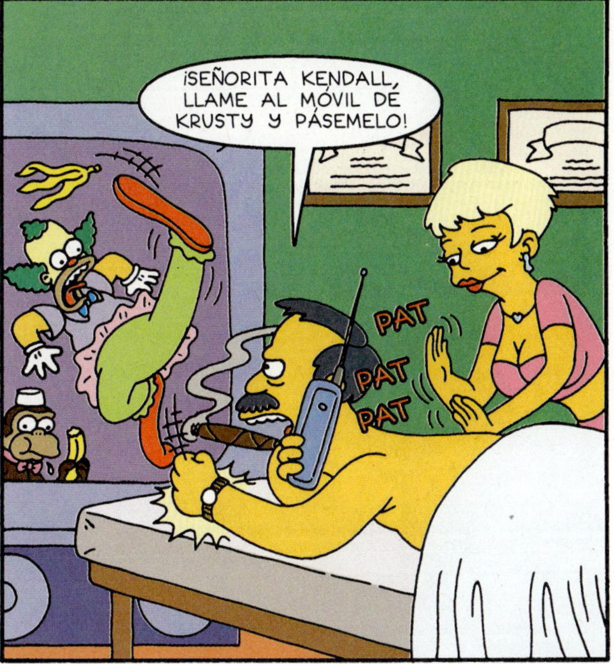
¡SEÑORITA KENDALL, LLAME AL MÓVIL DE KRUSTY Y PÁSEMELO!
PAT
PAT
PAT

¿QUÉ DIA...?
BRRRIIIING!

¿SÍ? SOY KRUSTY... EH, UH... VALE.

ES EL PRESIDENTE DE LA CADENA. QUIERE HABLAR **CONTIGO**.

SOY MEL... SÍ... **¿DE VERDAD**?... ¿LO HICIMOS?... ¡SÍ! ¡GRACIAS, SEÑOR, SE LO DIRÉ!

¡NOTICIAS MARAVILLOSAS PARA TODOS! ¡EL PROGRAMA HA **BATIDO** TODOS LOS **RÉCORDS**! ¡LA CADENA NOS VA A DAR UNA **PAGA EXTRA**!

ENVIAD EL CHEQUE DE **KRUSTY** AL **CLUB DE LOS LEGÍTIMOS HOMBRES DE NEGOCIOS**, DONDE ESTARÁ LAVANDO VASOS Y FREGANDO URINARIOS HASTA QUE BRILLEN.
¡OH, VAYA!

BIEN, HOMER, SERÁ MEJOR QUE TERMINES DE LIMPIAR EL SÓTANO, MIENTRAS LLAMO AL PERIÓDICO Y PONGO OTRO ANUNCIO PARA VENDER LA CABEZA.
¡OH, NO! HE APRENDIDO LA **LECCIÓN**. HAY COSAS MÁS IMPORTANTES QUE TENER UNA SALA DE JUEGOS EN EL SÓTANO. ¡LA CABEZA SE QUEDA!
Y OS SUGIERO A TODOS QUE SIGÁIS MI EJEMPLO. HARÉ LAS PACES CON NUESTRO DIOS DE LA GUERRA Y DESPUÉS FORZARÉ LA CERRADURA DE LA CASA DE FLANDERS Y JUGARÉ EN SU BILLAR.
FIN.

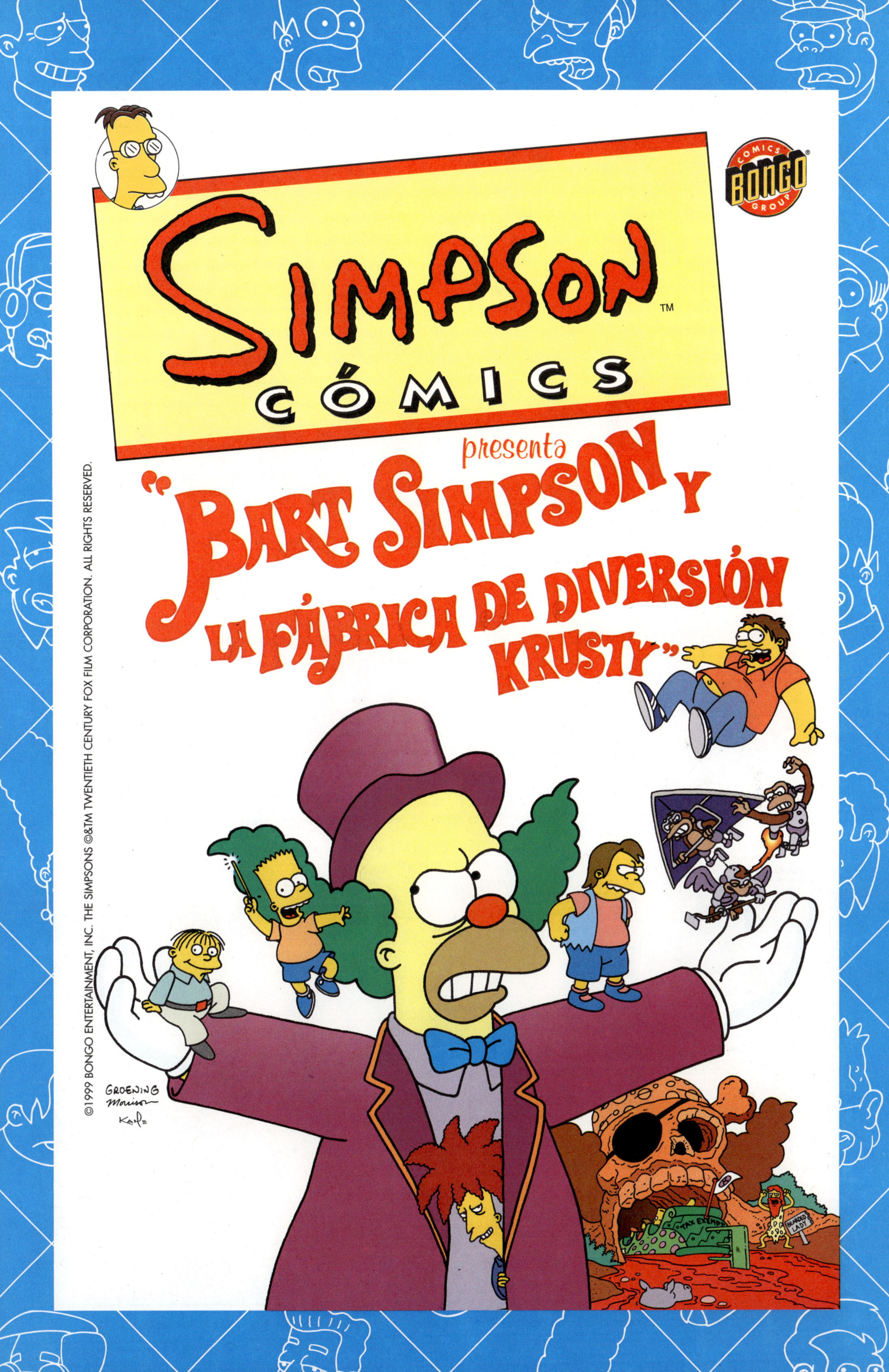
SIMPSON™
CÓMICS
COMICS BONGO GROUP
presenta
"BART SIMPSON Y
LA FÁBRICA DE DIVERSIÓN
KRUSTY"
TAX EXEMPT
BEARDED LADY
GROENING
Morrison

Imprime Lifusa, S.L. - Depósito legal: B. 17.417 - 1996

SHUK!

PETA ZETAS

¡ESTÁ ACABADO, SEÑOR RASCA!
PSSSSST!

¡AAAAH!
RUMBLE! RUMBLE!

fzzzz-BOOOM!

*
*EN EL ESPACIO, NADIE PUEDE OÍR TUS GRITOS.

¡UAUH! ¡QUÉ FORMA DE PALMAR!
¡MARGE, CUANDO YO MUERA, ASEGÚRATE DE QUE ME ENTIERREN EN CHOCOLATE Y ME LANCEN HACIA EL SOL!
¡JUA-JUA-JUA-JUA!

HRRRM, HOMER... CREÍ QUE QUERÍAS QUE TE VISTIERAN COMO ELVIS EN "CITA EN HAWAI" Y TE TIRASEN DENTRO DE UN VOLCÁN.

¡PFFT! ESO FUE LA SEMANA **PASADA**, MARGE.
CIERRA EL PICO, HOMEY. QUIERO OÍR EL NUEVO ANUNCIO DE KRUSTY.
EH, CHICOS. DECIDLE A VUESTRAS MADRES QUE COMPREN CAJAS Y CAJAS DEL NUEVO **REFRESCO DE CEREZA KRUSTY**.

Y SI NO ESTÁ POR AHÍ, AHORRADLE LA MOLESTIA. ¡COGED UNA DE SUS **TARJETAS DE CRÉDITO** Y COMPRADLAS **VOSOTROS** MISMOS! ¡YUU-JUU-JUU-JUU!

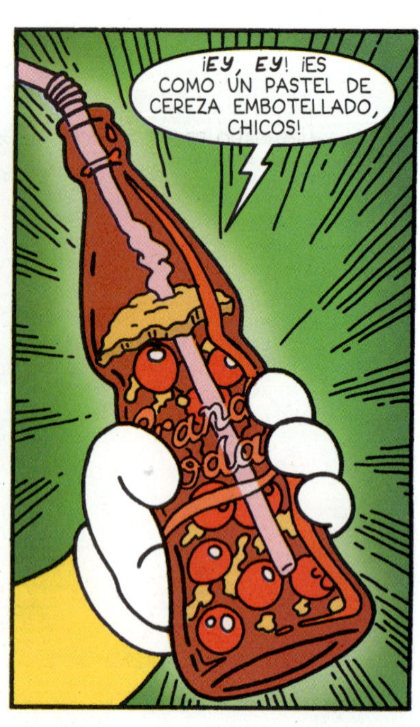
¡**EY, EY**! ¡ES COMO UN PASTEL DE CEREZA EMBOTELLADO, CHICOS!

¡ES EL PRIMERO DE UNA LÍNEA DE PRODUCTOS DE MI NUEVA **FÁBRICA DE DIVERSIÓN KRUSTY**!
¡ESTOY HARTO DE QUE LA GENTE PONGA MI NOMBRE EN PRODUCTOS DEFECTUOSOS! ¡A PARTIR DE AHORA, LOS FABRICARÉ YO MISMO!
BIDET BUENOS DÍAS DE KRUSTY
BICICLETA KRUSTY
DESMONTABLE
KRUSTY TALCO
PARA BEBES
ZUMO DE CERDO
CREMA DE CERDO
ENLATADA
SATÉLITE CON COHETE LANZADOR KRUSTY
KRUSTY Y LOS ARDILLAS

CADA PRODUCTO MÍO LLEVA "SELLO DE SINCERIDAD".
AMIGO HINCHABLE KRUSTY
PRODUCTO KRUSTY
MARCA DE SINCERIDAD
SI NO QUEDAS COMPLETAMENTE SATISFECHO, PIDO MIS MÁS SINCERAS DISCULPAS
INTERRUMPIMOS ESTE ANUNCIO PARA EMITIR UN COMUNICADO ESPECIAL DE KRUSTY EL PAYASO, EN DIRECTO DESDE EL VIÑEDO DE MARTHA.

¿POR QUÉ NUNCA APARECE ESA MUJER?... ¡¿**QUÉ**?!
¡OH, **YA**!... JE, JE... ¡PARA CELEBRAR MIS NUEVOS PRODUCTOS KRUSTY, ME COMPLAZCO EN ANUNCIAR UN **CONCURSO KRUSTACULAR**!

¡CUATRO NIÑOS AFORTUNADOS Y SUS PADRES LEGALES O AGENTES DE LA CONDICIONAL GANARÁN UNA EXCITANTE GIRA POR TODA LA FÁBRICA DE DIVERSIÓN KRUSTY (ADJUNTA A LA PRISIÓN DE SPRINGFIELD) **CONMIGO**, A LA CABEZA!

¡HAY **CUATRO PAJITAS DE ORO**, OCULTAS EN BOTELLAS DEL **REFRESCO DE CEREZAS KRUSTY**! ¡PARA GANAR, ENCUENTRA UNA DE ESTAS FABULOSAS **PAJITAS DE ORO**! ¿HE MENCIONADO QUE SON DE ORO DE VERDAD?
NO, NO LO HABÍA DICHO

ESTO ES EL CONCURSO KRUSTY DEL 99. ¡SOY KENT BROCKMAN, EN DIRECTO DESDE EL MONSTRUOMART, DONDE RALPH WIGGUM ES EL PRIMER AFORTUNADO PROPIETARIO DE UNA PAJITA DE ORO!
¡EY, EY! ¡ES COMO PASTEL DE CEREZA EMBOTELLADO, CHICOS!
REFRESCO DE CEREZA
KRUSTY

SORPRENDENTEMENTE, EL JOVEN NO FUE ATACADO POR LA MULTITUD.
CASI LO HEMOS CONSEGUIDO. ¡VAMOS! ¡APARTAOS DEL CHICO, GENTE!
¡PAPI, MI NARIZ HUELE A ERUCTO DE SIROPE!
GRABACIÓN

¡SUCIOS, APESTOSOS Y EGOÍSTAS EMPLEADOS MUNICIPALES! ¡SIEMPRE SE LLEVAN EL ORO Y ME DEJAN LA GANGA!

GLUG GLUG GLUG!

¡SANTO CIELO! ¡NO SOY MÉDICO, PERO CREO QUE A VUESTRO PADRE LE HA EXPLOTADO EL APÉNDICE! MENOS MAL QUE LE HA PASADO ESTANDO CON SU QUERIDA FAMILIA.
¡CHICOS, RÁPIDO, LLAMAD AL 911!
MMRRROW!
CHOKE!
COUGH!
ACK!

¡OH, MAMÁ! ¡SÓLO QUEDAN TRES PAJITAS!
VAMOS, CHICOS. SABÉIS QUE VUESTRO PADRE SE QUEDARÍA Y OS AYUDARÍA...MMM, BUENO, YO LO HARÍA...

¡UNA URGENCIA! ¡Y ESTÁ SANGRANDO!
AH, NO. ES REFRESCO DE CEREZA.
¡OUCH!
¡JUJUUUU!

Y...
¿ES GRAVE?
¡NO SOY MÉDICO, SRA. SIMPSON, PERO DIRÍA QUE SU MARIDO HA SUFRIDO UNA EXPLOSIÓN AGUDA DE APÉNDICE!
SI NO ES MÉDICO, ¿POR QUÉ ESTÁ EXAMINANDO A MI MARIDO?

NO TIENE NI IDEA DE LO SOLITARIA QUE ES UNA TIENDA DE REGALOS.

DESPUÉS...
OH, PAPÁ. ME ALEGRO QUE LA OPERACIÓN HAYA SALIDO BIEN.
¿DUELE?
¡OUCH! ¡NO APRIETES!
EN DIRECTO CONCURSO KRUSTY99
¡AQUÍ KENT BROCKMAN CON NELSON MUNTZ, EL GANADOR DE LA SEGUNDA PAJITA DE ORO!

Y ME COSTÓ MUCHO TRABAJO QUITÁRSELA A ESTE TARADO, PERO AL FINAL LO CONSEGUÍ.
VALE, SO-SOMOS AMIGOS, ¿NO?
COMO QUIERAS.
NELSON MUNTZ, MATÓN LOCAL

TÍO, SÓLO QUEDAN DOS. MIS POSIBILIDADES CAEN MÁS RÁPIDO QUE MARTIN PRINCE EN UN PARTIDO AMAÑADO.
¿CÓMO VA MI PACIENTE? CREO QUE LES GUSTARÁ VER LO QUE LE HEMOS SACADO DE SU OBSTRUIDA CAVIDAD ABDOMINAL.

¡EEEECHS, NO!
TRANQUI, TÍO. DÉJAMELO.
¡AH! ¡JE, JE, JE!
ESO IRÍA CONTRA LA POLÍTICA DEL HOSPITAL Y CONTRA TODOS LOS PRINCIPIOS ÉTICOS DE UN HOMBRE DE MI HISTORIAL MÉDICO...

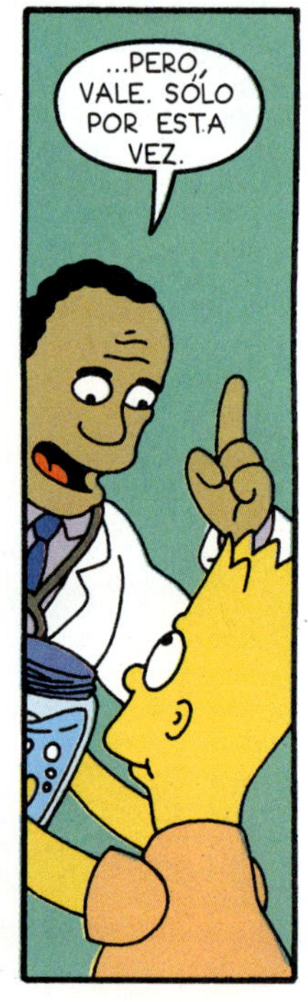
...PERO, VALE. SÓLO POR ESTA VEZ.

¡Taa-raa-taa-rah!
¡Taa-raa-taa-rah!
¡AY, CARAMBA! ¡ES UNA PAJITA DE ORO!
¡OUCH!
¡Taa-raa taa-rah!

¡PERO, MAAAARGE, DEBERÍA EXISTIR UNA LEY! UN HOMBRE DEBERÍA PODER QUEDARSE CON TODO LO QUE PERFORE SU ESTÓMAGO Y LA PARED DE SU INTESTINO GRUESO.
¡RABIA RABIÑA, HOMER, ME LA HAN DADO A MÍ!

SE ACABÓ. ¡NO PIENSO SEGUIR UN MINUTO MÁS EN ESTE COCHE CON UN LADRÓN DE PAJITAS! DÉJAME EN EL BADULAQUE.
HRRRRM...

NO PUEDO CREER QUE HAYAS ELEGIDO AL ABUELO Y NO A MÍ PARA LA GIRA KRUSTY.
ONLY
LO SIENTO, HOMER. ADEMÁS, ES LO MÍNIMO QUE PUEDO HACER POR EL ABUELO DESPUÉS DE LO QUE LE HAS HECHO.

SABÍA QUE ERAS DEMASIADO BAJITO PARA SER QUENTIN TARANTINO.
VAMOS, ABUELO. YA HAY SITIO EN EL COCHE.
GAS

APU, PREPÁRAME UN HELADO TRIPLE DE ALGARROBA, CON TROPEZONES DE CHOCOLATE. Y NO ESCATIMES EL CHOCOLATE.
CUARTEL GENERAL DEL REFRESCO
¡CEREZAS!
OH, LO SIENTO, SR. HOMER. AHORA SÓLO VENDEMOS EL REFRESCO DE CEREZAS KRUSTY.
¡OUCH! ENTONCES, DAME UNO.
LO SIENTO, SEÑOR HOMER, PERO HEMOS AGOTADO EL REFRESCO DE CEREZAS KRUSTY.
BEBE

GRACIAS. VUELVA POR AQUÍ.
@#$%!
¡PSST! ¡EH, SEÑOR! ¿QUIERE PASARLO BIEN?

PARA PASÁRTELO BIEN, BEBE REFRESCO DE CEREZA KRUSTY
SÍ, CLARO. SEGURO QUE ME PIDES HASTA LA CAMISA.

GLUG!
GLUG!
GLUG!

CLONG!
¡AAAAAH!
¡BURP!

¡NO PUEDO CREERLO! DEBO SER EL HOMBRE MÁS AFORTUNADO DEL UNIVERSO. UNA BOTELLA MEDIO LLENA DE REFRESCO CALIENTE DE CEREZAS KRUSTY CON UNA PAJITA DENTRO.
¡OUCH!

Y EL CONCURSO KRUSTY DEL 99 LLEGA A SU FANTÁSTICO FINAL PORQUE LA CUARTA Y ÚLTIMA PAJITA DE ORO HA SIDO RECUPERADA POR... ¿CÓMO SE LLAMA?
¡SEGURO QUE NO PASABA DEL LÍMITE DE VELOCIDAD, AGENTE! ¡ADEMÁS, NI SIQUIERA ES MI COCHE!

¡TRAS LAS NOTICIAS DEL TIEMPO CON HOUSTON DUCHAS, VOLVEREMOS CON NUESTRA EXCLUSIVA CUENTA ATRÁS PARA LA GIRA KRUSTY!
¡JUA, JA, JA, JA! ¡JUAAAAAAA!
KRUSTY SIGUE ENRIQUECIÉNDOSE MIENTRAS YO ME PUDRO EN LA CÁRCEL. ¡ESO SE VA A ACABAR! ¡UNA VEZ CONSIGA ENTRAR EN EL ORDENADOR DE KRUSTY, DESTROZARÉ SU GIRA, SU REPUTACIÓN Y HASTA SU VIDA!

ROBERT, POR FAVOR. ¿QUIERES CÁLMATE?
¡INTENTO TERMINAR EL CRUCIGRAMA!
MIS MÁS SINCERAS DISCULPAS, CECIL.
NO IMPORTA. PALABRA DE SIETE LETRAS, QUE SIGNIFICA PSICÓPATA O LUNÁTICO. EMPIEZA POR "M".

PRISON
¡BIENVENIDOS AL FANTÁSTICO PROGRAMA PRE-GIRA DE LA FÁBRICA DE DIVERSIÓN KRUSTY!

HOLA, SOY TROY MCCLURE. QUIZÁ ME RECUERDEN DE OTRAS FANTÁSTICAS PRE-GIRAS COMO "UNA NOCHE EN LA BÓVEDA DE AL CAPONE" Y "ESPELEOLOGÍA EN LA CUEVA SUBTERRÁNEA DE UNA PLAYMATE."

AQUÍ ESTÁ NUESTRO PRIMER AFORTUNADO GANADOR: NELSON MUNTZ Y SERPIENTE, SU AGENTE DE LIBERTAD CONDICIONAL.
BONITA PLACA, TÍO.
AMIGO, NUNCA TE CREERÍAS LO QUE HE TENIDO QUE HACER PARA CONSEGUIRLA.
STY BRAND
ACTO

DIME, BARNEY, ¿QUIÉN ES ESA ADORABLE VISIÓN QUE TE ACOMPAÑA?
HOLA, SOY LA MADRE DE BARNEY. PUEDE LLAMARME... LA MADRE DE BARNEY.

NO HABÍA VISTO TANTA EXCITACIÓN DESDE QUE NACIÓ EL BEBÉ SHAMU Y NI SIQUIERA...
MIRAD TODOS. LA PUERTA SE ABRE.

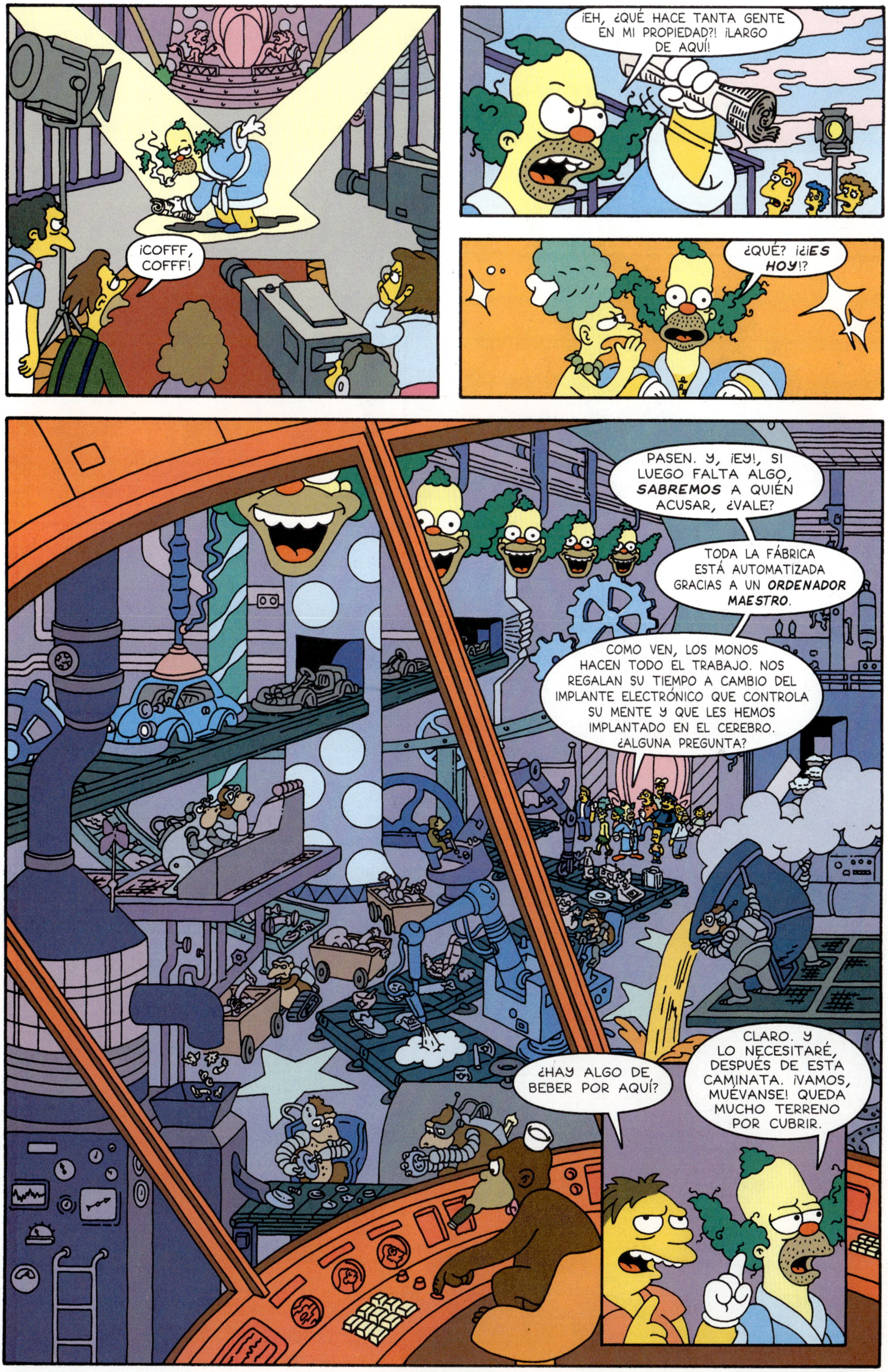

PASEN. Y, ¡EY!, SI LUEGO FALTA ALGO, ***SABREMOS*** A QUIÉN ACUSAR, ¿VALE?

TODA LA FÁBRICA ESTÁ AUTOMATIZADA GRACIAS A UN ***ORDENADOR MAESTRO***.

COMO VEN, LOS MONOS HACEN TODO EL TRABAJO. NOS REGALAN SU TIEMPO A CAMBIO DEL IMPLANTE ELECTRÓNICO QUE CONTROLA SU MENTE Y QUE LES HEMOS IMPLANTADO EN EL CEREBRO. ¿ALGUNA PREGUNTA?

¿HAY ALGO DE BEBER POR AQUÍ?

CLARO. Y LO NECESITARÉ, DESPUÉS DE ESTA CAMINATA. ¡VAMOS, MUÉVANSE! QUEDA MUCHO TERRENO POR CUBRIR.

¡ESTO ES EL **RÍO DE REFRESCO DE CEREZAS** DE LA FÁBRICA KRUSTY!
SUBAN A BORDO PARA VIVIR UNA EXCITANTE AVENTURA EN LOS **HÚMEDOS RÍOS** Y LOS **CHORREANTES RÁPIDOS** DE KRUSTY.
¡LES ESPERA UNA **EMPAPADA** DIVERSIÓN! LES GARANTIZAMOS QUE **REZUMARÁN** ALEGRÍA Y SE **BAÑARÁN** DE EXCITACIÓN.
PAPÁ, QUIERO IR AL LAVABO.
TODOS QUEREMOS, HIJO. *TODOS*.

ATTENTION
POR FAVOR, MANTENGAN SUS CUERPOS DENTRO DEL BOTE.
GURGLE!
GURGLE!

SÉ QUE HOY ANSÍAN UNA GIRA EXCITANTE Y, SEGÚN MIS ABOGADOS, ES EXACTAMENTE LO QUE TENGO QUE OFRECERLES. ASÍ QUE CRUZAREMOS LA SECCIÓN DE PARQUES Y JARDINES KRUSTY, EL ARMAMENTO MILITAR Y EL DEPARTAMENTO DE NOVEDADES. Y EL VIAJE NO ESTARÍA COMPLETO SIN...
¡OH, DIOS MÍO!

BLAMM!

¿**POR QUÉ** HA HECHO ESO?
PERDÓN, CREÍ QUE HABÍA SUBIDO A BORDO UN HIPOPÓTAMO.
COMO **SERPICO**, TÍO. CÓMO MOLA.

¡NAVEGAR POR EL MISSISSIPPI Y OLER LA PÓLVORA ME RECUERDA LOS TIEMPOS EN QUE REMONTABA EL RÍO HASTA HARLEM TRABAJANDO PARA EL VIEJO KENNEDY!
PLINK PLUNK
PLUNK PLINK
ESTO APESTA. ¿CUÁNDO LLEGARÁ LO BUENO?

ASÍ QUE BUSCAS AVENTURA, ¿EH? JE, JE, RECUERDA... ¡LOS **MUERTOS** SE PIERDEN LAS **REBAJAS** EN LA TIENDA KRUSTY AL FINAL DE LA GIRA!
TAX EXEMPT
MUJER BARBUDA

¡AAAH!

¡AAAH!

ESTÁN FILMANDO UNA PELÍCULA.
¡MIRAD! ¡GEENA DAVIS!

¡AAAAAAH!

AQUÍ PUEDEN VER LAS DONACIONES RECIBIDAS PARA EL HOGAR KRUSTY DE MASCOTAS ABANDONADAS Y CONTABLES MUERTOS INTENTANDO CONTARLO TODO.
¡INCREÍBLE! DEBE SER MI DÍA DE SUERTE.
NO SÉ, TÍO. NO LO FUE PARA ESOS TIPOS.

¡JUA, JA, JA!
¡HE ENTRADO EN EL ORDENADOR DE KRUSTY! ¡ME VENGARÉ! ¿QUÉ PALABRA PUEDE DESCRIBIR MI GENIO?

"LOCO" NO CUADRA.
¿PERDÓN? ¡YO DIRÍA QUE NO, HERMANO!
¡NO, NO! ME REFERÍA AL CRUCIGRAMA.
OH, POR SUPUESTO.

CLICK!

¡OH, NO! ALGUIEN HA SOLTADO LA CEREZA GIGANTE AFRICANA QUE UTILIZO PARA DARLE SABOR A MI REFRESCO.
MMMM... CEREZA GIGANTE AFRICANA.
¡PARECE QUE NOS CAERÁ ENCIMA, CHICOS!
¡TÍO, ES APLASTANTE!
¡TRANQUILOS, KRUSTY NOS SALVARÁ!

LO SIENTO, AMIGOS, SÓLO HAY SITIO PARA UNO.

SCRUNCH!

¡SOY EL REY DEL MUNDO!
NO, ESPERA... ¡VOY A MORIR!

ES EL POLO NORTE. YA VENIMOS, PAPÁ NOEL. ¡PREPARA TUS REGALOS!
¡EY, ¿QUÉ PASA AQUÍ?!

CALMA, CALMA. CREO QUE ESO LO EXPLICA TODO.
KRUSTY SECCIÓN DE COMIDA CONGELADA

¡TÍO, QUÉ MALA SUERTE!
AMIGO, EL PAYASO NOS HA DEJADO TIRADOS.
NOS HEMOS PERDIDO., Y HACE FRÍO.
FROST
LO QUE TENEMOS QUE HACER ES REORDENAR NUESTRAS PRIORIDADES. CREO QUE DEBEMOS... ¡COMERNOS AL ABUELO!
NO SIENTO LAS PIERNAS.

¿POR QUÉ YO?
MIRA PAPÁ. ESTAMOS PERDIDOS EN LA NIEVE, TENEMOS QUE COMERNOS A ALGUIEN.
ESO YA LO SÉ, IDIOTA. PERO, ¿POR QUÉ COMERSE A UN ANCIANO CORREOSO?

¡COMÁMONOS AL GORDO!
¡EY!

LÁSTIMA QUE NO TENGAMOS SALSA DE MANZANA AMIGO.
JE, JE. CALMAOS, CALMAOS.
SEGURO QUE MI PAPÁ SABE A POLLO.

ATRÁS, OS LO ADVIERTO. HE QUITADO EL SEGURO Y... ¡UAUH!
¡BLAMM!
¡UAUH! ME HA ROZADO.
CONTROL DE FRÍO

CALMA, TÍO. EL JEFE NOS HA ENCONTRADO MANDUCA.
CLARO. AL FIN Y AL CABO ES... LA SECCIÓN DE COMIDA CONGELADA, JE.
GLO-RITO Frozen Burrito

"GLO-RIOSO KRUSTY AUTOCOCINABLE". ¿POR QUÉ NUNCA HE OÍDO HABLAR DE ESTO?

SÓLO HE DE... PARTIRLO...

...AGITARLO...
...Y DISFRUTAR DE SU SABROSA SUSTANCIA.

MMMMM...
MMMMMM... SABROSA SUSTANCIA.
MMMMMM...
OH, AQUÍ PONE PORQUÉ NO LO VENDEN: "PUEDE CAUSAR EFECTOS SECUNDARIOS RELACIONADOS CON ENVENENAMIENTO POR RADIACIÓN."

¡MIRAD, HE ENCONTRADO UNA SALIDA!
¡ESTAMOS SALVADOS!
DEP. DE PARQUES Y JARDINES KRUSTY
¡VAMOS!

¡JUAAAA, JA, JA, JA!
ESTÁIS HACIENDO LO QUE QUERÍA, PRONTO SERÉ CONOCIDO EN EL MUNDO COMO LA MAYOR...
¿AMENAZA?

¿CÓMO TE ATREVES?
SIGO CON EL CRUCIGRAMA.
OH, VALE. HORA DE DESVELAR EL CRESCENDO A MI SINFONÍA DE DESTRUCCIÓN...

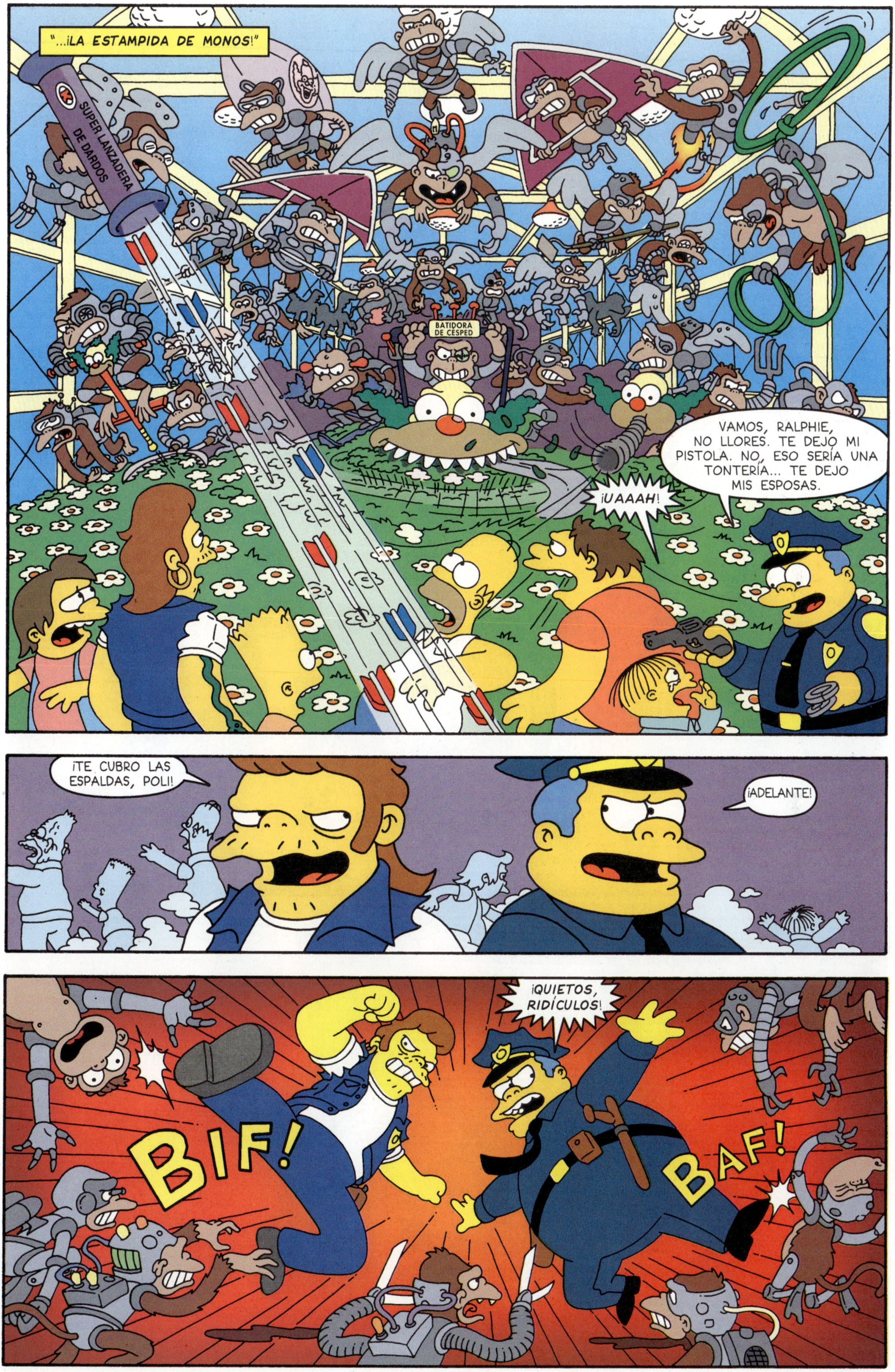

"...¡LA ESTAMPIDA DE MONOS!"

SUPER LANZADERA DE DARDOS

BATIDORA DE CÉSPED

¡UAAAH!

VAMOS, RALPHIE, NO LLORES. TE DEJO MI PISTOLA. NO, ESO SERÍA UNA TONTERÍA... TE DEJO MIS ESPOSAS.

WHACK!
¡HI-YA, MONITO!

PUNT!
PUNT!
PUNT!
¡OUCH, MI LUMBAGO!

¡CHOCA ESOS CINCO, POLI!
WHAP!
¡BONITA PATADA, SERPIENTE!

BUENO, YO...
JE...

¡UK! ¡IIK! ¡IIK!
NO ME DAIS MIEDO. HE VISTO 37 VECES "CUANDO RUGE LA MARABUNTA".
BASH!
CRECERÉ GRANDE Y FUERTE.
FERTILIZANTE DIRECTO DE EL REY DE BS
¡SI CHUCK HESTON OS PATEÓ EL CULO, YO TAMBIÉN!

ME HE QUEDADO SIN MACETAS. RÁPIDO, CHICO, DAME ALGO.

OUCH.

¡JA, JA!
¿SABES QUE IRÍA BIEN CON ESTAS MARGARITAS? UN BUEN CAFÉ COLOMBIANO.

¡TOMA ESTO, ROBOT-BABUINO!
BIF!
ERES MI HÉROE, HOMER.

JE, JE. SIEMPRE SUPE QUE MIS AÑOS DE PRÁCTICA SERVIRÍAN PARA ALGO.
GRACIAS, ZOO DE SPRINGFIELD.

¡SON DEMASIADOS! LA HORA DE LA FUERZA BRUTA Y EL VALOR CIEGO SE ACABARON. ¡HORA DEL **PLAN B**!
¿QUÉ PLAN B, HOMER?

¡**HUIR**!

¡**OUCH**! ¿QUÉ IDIOTA HA PUESTO UN ACANTILADO EN MEDIO DE UN CAMPO DE MARGARITAS?
SEGURAMENTE, EL MISMO QUE PUSO UN CAMPO DE MARGARITAS SUBTERRÁNEO.

ODIO PREGUNTARLO, PAPA, PERO, ¿VAMOS A MORIR?
¡ESCÚCHAME, HIJO! PUEDO NO SER EL MEJOR PADRE DEL MUNDO, PUEDO NO HABER ESTADO A TU LADO SIEMPRE QUE ME NECESITABAS, PERO NO PIENSO DEJAR QUE ESOS MONOS MECÁNICOS TE HAGAN DAÑO.

¡PONTE **DETRÁS** DE MÍ, HIJO!
¡UAAAH!

¡**UPS**!

SHROOOOM!
¡EY, EY!

GRACIAS POR NO MORIRTE, HIJO. ¡TU MADRE SE LO HABRÍA TOMADO MUY MAL!
¡COWABUNGA!

WHOOSH!
¡UUUK!
¡UUUK!
¡IIK!
¡IIK! ¡IIK!

CUARTEL GENERAL MILITAR KRUSTY
¡YUJUUU!

BONITO AVIÓN, KRUSTY.
SÍ, PERO EL GOBIERNO NO ME DEJA VENDERLOS. DICEN QUE SE PARECEN DEMASIADO A LOS VERDADEROS.
DEJÉ DE FABRICARLOS CUANDO ME DIJERON QUE PUSIERA UN ESTÚPIDO CAPUCHÓN EN EL MORRO.

¡IP, IP! ¡UK, UK!
¿QUÉ DICES? ¿PROBLEMAS EN EL VIEJO MOLINO?
¿BOB ACTOR SECUNDARIO? ¿CONTROLA MI ORDENADOR? ¿INTENTA ARRUINAR LA GIRA?
¿POR QUÉ NO DICES FRASES COMPLETAS?

LO SIENTO, AMIGOS. PARECE QUE BOB ACTOR SECUNDARIO NOS ESTROPEÓ EL DÍA.
¿BROMEAS, TÍO? ¡HA SIDO UNA GIRA ESTUPENDA!
MÁS DIVERTIDA Y TODO QUE AQUELLA GIRA DE LA FÁBRICA DE DIVERSIÓN KRUSTY.
¡ODIO EL BARRO!

SÍ, PERO ME REPATEA QUE BOB ACTOR SECUNDARIO SE SALGA CON LA SUYA.
OJALÁ HUBIERA ALGUNA MANERA DE DEVOLVERLE EL GOLPE.
THWAK!

OH, OH.

TAPPITY-TAP-TAP!

CRASHH!

¿POR QUÉ NO PUEDEN DEJARME EN PAZ? NO ES CULPA MÍA SER UN...
¡CECIL!
¿MANÍACO?
¡NO, NO! ¡ES QUE CON ESO ACABO EL CRUCIGRAMA!
¡EY, EY! ¡ESO ES TODO, AMIGOS!
¡BONITA VENGANZA LA SUYA, SR. K.!
FIN.

Lugar: Downey, California. El "Entréganoslo y Olvídate. Nosotros nos encargaremos" de Shilby cierra el negocio. De sus catorce naves de almacenamiento, Bongo ha ocupado doce desde 1946. Sin más elección que recuperar docenas y docenas de cajas, los valientes Bongeros se han encontrado un virtual tesoro de los primeros días de la compañía, incluyendo muestras de esas colecciones que nunca salieron. Las nieblas de la eternidad se han disipado para que podamos ver...

¡MÁS BONGOS QUE EL TIEMPO OLVIDÓ!

"Héroes con Problemas", un concepto creado por una compañía rival a principios de los 60, movió a Bongo a subirse a ese particular tren. No obstante, en un intento de mantener nuestra dignidad y no convertirnos en simples fotocopias, decidimos darles a nuestros héroes unos problemas en los que no había pensado nuestro competidor. Por desgracia, fue el único número que se le ocurrió a nuestro equipo mal pagado y sobrecargado de trabajo, y así nació el "Todos Quejicas". Nuestros fans se quejaron más estrepitosamente todavía que nuestros superhéroes y la colección murió, junto con nuestros planes para más títulos, como "B.O. Comics", "El Capitán Patológicamente Mentiroso" y "Supercamas de Agua".

Bongo tuvo la licencia para hacer comic-books de Krusty el Payaso durante años. Creamos una serie de títulos con el payaso favorito de todos, historias llenas de alegre, completa y circense diversión, y todo el mundo era feliz. Entonces, una noche tormentosa, nuestros editores recibieron una llamada telefónica del propio Krusty, borracho y soltando improperios, y el resultado fue "Krusty y su Tren de Bichos". Cuando volvió a estar sobrio y vio la revista impresa se puso furioso. Negando toda responsabilidad por el fiasco, Krusty ordenó que el comic-book se almacenara y que le quitasen la licencia a Bongo. (hasta su próxima juerga, claro).

Si hay un problema neurológico crónico que le encanta al público norteamericano es la narcolepsia. Con esto en mente, tomamos a Abe y Jasper y los enviamos de viaje a través de los EE.UU., haciendo que se durmieran constantemente mientras conducían. En el transcurso de tres números de escasas ventas, se estrellaron contra jaulas de pollos, fruterías, anuncios, casas de alquiler de muebles, fábricas de almohadas, producciones off-Broadway de Hair y un debate presidencial. El dúo despertaba al estrellarse contra todas esas cosas y siempre gritaban un sorprendido "¡Válgame el Todopoderoso!". En el último número de Siesta dejamos de lado los argumentos e hicimos que el coche de Abe y Jasper chocase contra algo en cada viñeta. El título no fue un completo fracaso, porque las 6 toneladas métricas de ejemplares devueltos fueron reciclados y convertidos en una exitosa línea de baberos con "Lobbie, la Langosta Hervida más Idiota de la Historia" impresa en ellos.

Han Solo. Shane. El tío que interpretaba Kevin Costner en "Waterworld". Si hay algo que adoran los norteamericanos (aparte de un cubo lleno de pollo frito crujiente) es el héroe que no quiere serlo. Y, ¿quién en Springfield ejemplifica mejor ese semiadorable perdedor que Milhouse Van Houten? La idea parecía bastante buena: mandar a Milhouse dos mil años al futuro para que combatiera robots malvados que esclavizaban a la humanidad. Pero no habíamos pensado en un problema: Milhouse en un completo "llorica". Las ventas pronto lo demostraron: en el futuro, nadie puede oírte llorar sin aburrirse mortalmente.

Corría el año 1991. Bush estaba en la Casa Blanca. El veneno aún circulaba en el mundo de la música heavy metal. La ley y el orden era lo más apreciado del país. Gracias a una encuesta telefónica al azar, hecha en Bongo por un trabajador eventual, se supo que los norteamericanos querían un comic-book basado en la vida de Johnny Deep. Para no tener que pagar derechos al actor, decidimos hacer un Todo Wiggum Comix. Prometimos mostrar al país una visión realista de la policía, con toda la basura y los chanchullos habituales. La serie se vendió bien hasta 1995, cuando publicamos un "número muy especial" titulado "Los Polis Obesos no Vuelan", donde se veía al jefe luchando contra su adicción a la grasa. Esto marcó el principio del fin de la serie: un plan para relanzarla como "Te quiero, Clancy", una serie tierna sobre un amable jefe de policía que llevaba un montón de jerseys, fue posteriormente anulada.

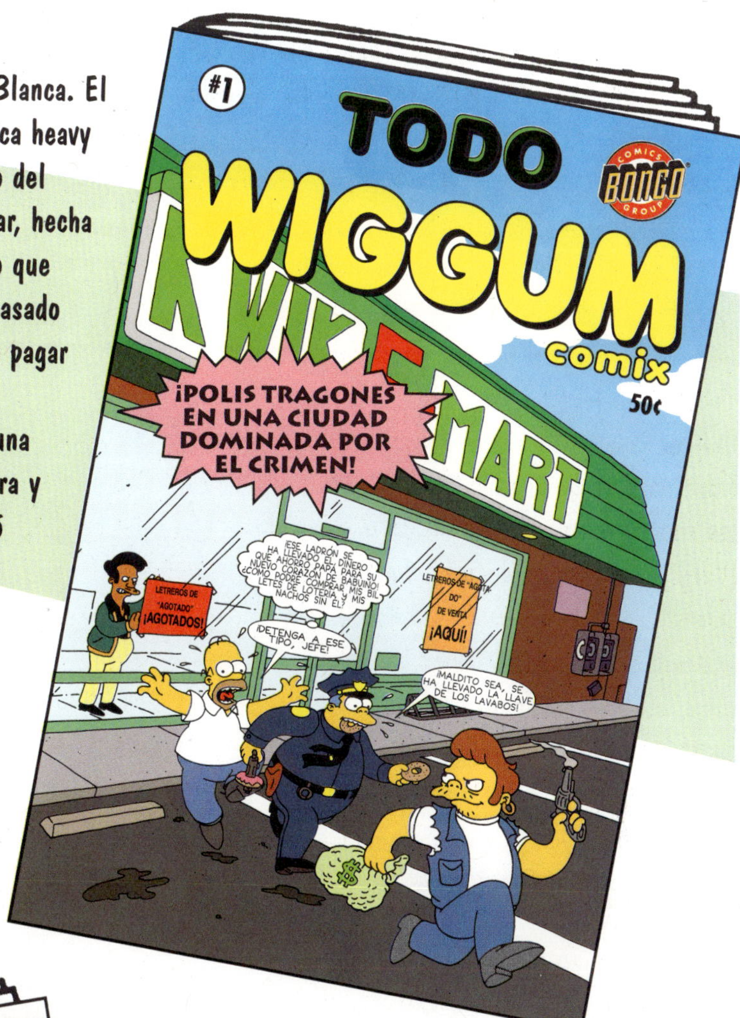

¡Un dúo clásico! Bongo estaba tan seguro del éxito de este par, que tenía a 13 guionistas trabajando día y noche para escribir sus cómics. No obstante, este título humorístico se hundió cuando los abogados de otro dúo cómico con los mismos nombres nos trajeron una orden judicial por plagio. Sí, exacto, nos referimos a Mary Martin, la actriz que hizo de Peter Pan en Broadway y al gran boxeador Joe Louis.

Michael Caleo
Jeff Rosenthal & David Razowsky
Guión

Victor Aguilar
Lápiz

Tim Bavington
Tinta

Nathan Kane
Color

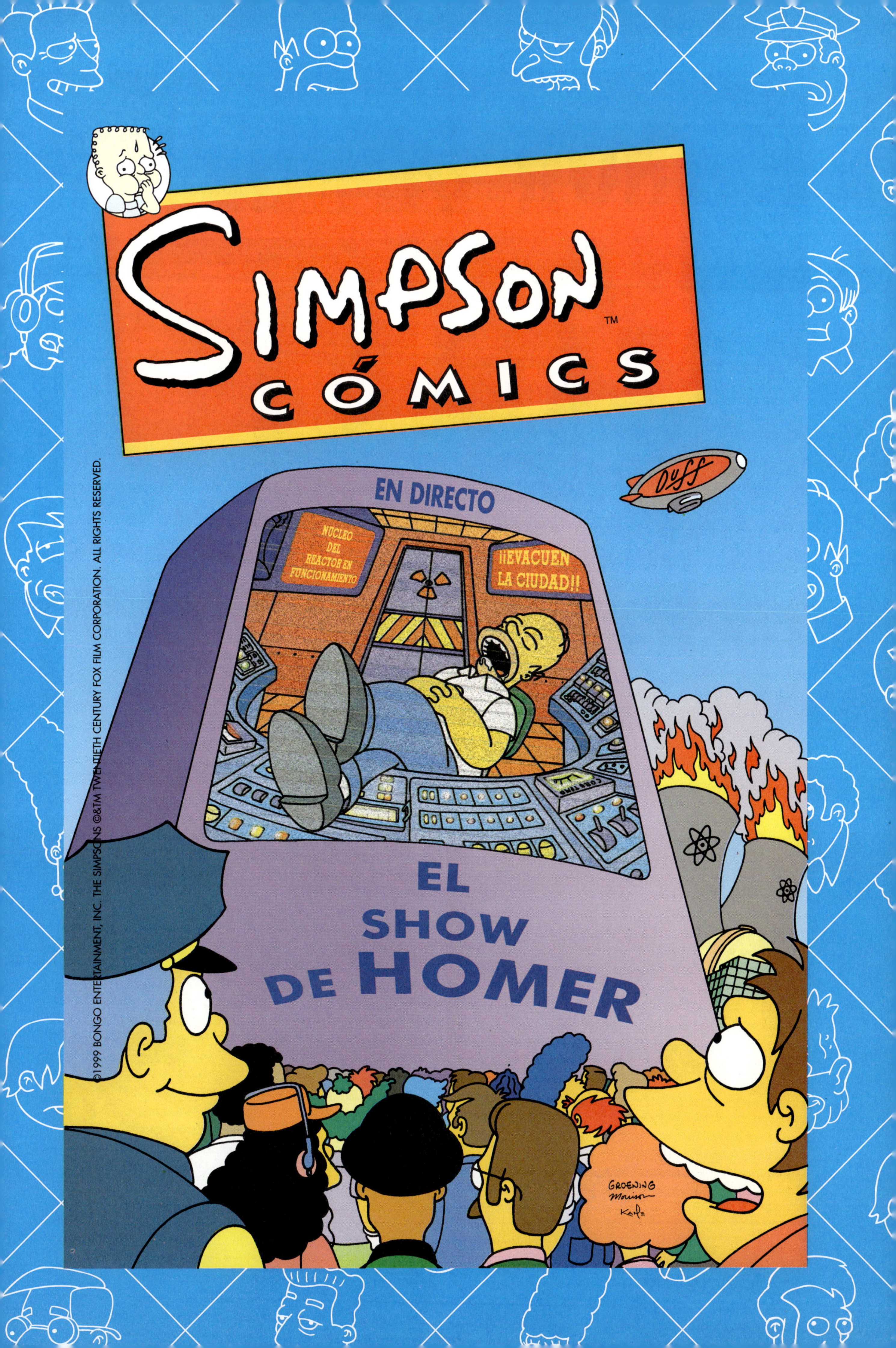
SIMPSON™
CÓMICS
EN DIRECTO
NUCLEO DEL REACTOR EN FUNCIONAMIENTO
¡¡EVACUEN LA CIUDAD!!
Duff
EL SHOW DE HOMER
©1999 BONGO ENTERTAINMENT, INC. THE SIMPSONS ©&TM TWENTIETH CENTURY FOX FILM CORPORATION. ALL RIGHTS RESERVED.
GROENING

EL SHOW DE HOMER

GUIÓN: CHUCK DIXON ***LÁPIZ:*** PHIL ORTIZ ***TINTA:*** TIM BAVINGTON ***COLOR:*** NATHAN KANE ***SEÑOR TELEVISIÓN:*** MATT GROENING

Imprime Lifusa, S.L. - Depósito legal: B. 17.417 - 1996

TENEMOS UNA CINTA DE LA SEMANA PASADA CON ESE TIPO ARDIENDO.
¿NO ES EL QUE SE PILLÓ LA MANO CON EL CAJERO AUTOMÁTICO EN "OBJETIVO INDISCRETO DE CÁMARAS DE SEGURIDAD"?
CREO QUE TENEMOS MUCHAS CINTAS DE ESE TIPO.

"TIPO PASANDO LA SEGADORA POR UN AVISPERO."
OTRA: "TIPO METIENDO LOS LABIOS EN UN VENTILADOR."
Y "TIPO CON PANTALONES DE PAYASO."
APESTA
DIVERTIDO

CADA SEMANA NOS ENVÍAN CINTAS DE ESE PAYASO.
¿QUÉ SIGNIFICA ESO?
QUE ES EL FULANO MÁS IDIOTA JAMÁS GRABADO EN VÍDEO.
QUE ES CAPAZ DE REALIZAR ESTUPIDECES JAMÁS VISTAS POR TELEVISIÓN.
QUE ES EL SANTO GRIAL DE LOS BURROS.

¡QUE HA NACIDO UNA ESTRELLA!

¡DOGORRO, ADUDADME!
¡DOGORRO!
¡GENIO! ¡GENIO PURO!

¡CREAR UN NUEVO PROGRAMA BASADO EN ESE INÚTIL ES UNA IDEA FABULOSA!
TENEMOS SUFICIENTES GRABACIONES DE HOMER SIMPSON PARA LLENAR DIEZ HORAS DE PROGRAMACIÓN.
PERO NECESITAMOS MÁS, MUCHO MÁS.

NO PODEMOS CONFIAR EN QUE NUESTROS ESPECTADORES SIGAN ENVIANDO CINTAS DE ESE MEGATALENTO.
ASÍ SON TODOS NUESTROS PROGRAMAS, DESDE "MASCOTAS EN EL HOSPITAL" A "LAS PERSECUCIONES POLICIACAS MÁS ABSURDAS DEL MUNDO."
PIENSA A LO GRANDE, JEF.

SI ESE HOMER SIMPSON GENERA TANTAS CINTAS OCASIONALMENTE, IMAGÍNATE LO QUE NO CAPTA NINGUNA CÁMARA.
PROPONGO QUE GRABEMOS A ESE HOMBRE 24 HORAS AL DÍA.

TENGO TANTA FE EN LA TOTAL FALTA DE SENTIDO COMÚN Y COORDINACIÓN DE HOMER SIMPSON, QUE ESTOY DISPUESTO A PREPARAR TODA LA NUEVA TEMPORADA BASÁNDOME EN ÉL.
EL SHOW DE HOMER
¡SÓLO EN LA CADENA FOX!

TENGO FE ABSOLUTA. SERÁ GRANDE. UN GRAN *URKEL*.
ESTOY ABIERTO A SUGERENCIAS. ¿EN QUÉ HORA PROGRAMAMOS "EL SHOW DE HOMER"?

EN LUGAR DE LA SERIE *MILLENIUM*.

¿EH?

¡UNNH!
THWAK!

VALE. *A TRABAJAR*, GENTE. ¡EL LUNES TENEMOS QUE CABLEAR TODA UNA CIUDAD DE TAMAÑO MEDIO!

ER, AH... USTEDES, LOS DE HOLLYWOOD, YA NOS HAN ENGAÑADO OTRAS VECES.
EN SPRINGFIELD NO QUEREMOS PALETOS.
ALCALDE QUIMBY
SPRINGFIELD
SOBORNOS

LOS DE "EL HOMBRE RADIOACTIVO: LA PELÍCULA" SE MARCHARON SIN PAGAR IMPUESTOS.
UNA PANDA DE DEPREDADORES INMORALES.
ERAN GENTE DE *CINE*, ALCALDE QUIMBY.
NOSOTROS SOMOS GENTE DE *TELEVISIÓN*.

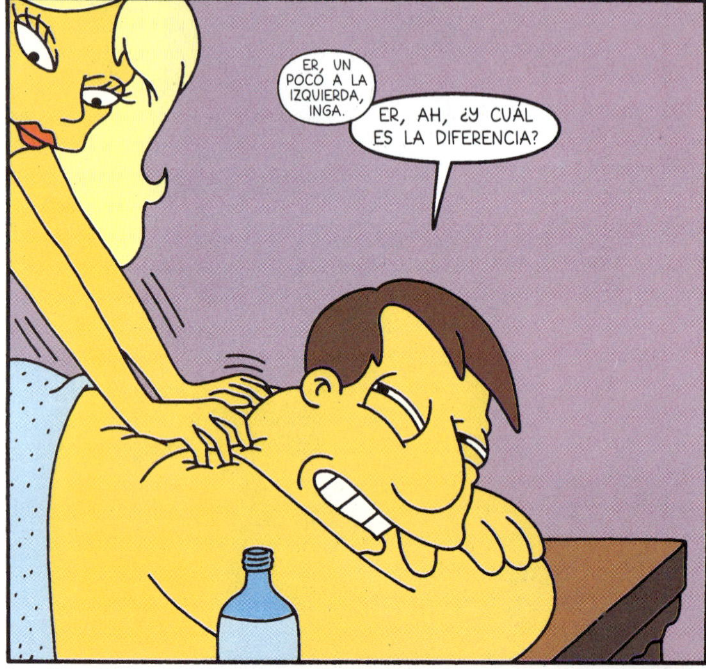
ER, UN POCO A LA IZQUIERDA, INGA.
ER, AH, ¿Y CUÁL ES LA DIFERENCIA?

QUE SOMOS DEPREDADORES AMORALES, SEÑOR ALCALDE.

NO...
¡SANTA MADRE DE DIOS, **NO PUEDE SER**!

NO ME HAGAS ESTO, MOE...
NO ME HAGAS **ESTO**.
MOE'S
CERRADO
¡VETE A CASA!

BUENO, SI ÉSE ES EL TIPO DE ESTABLECIMIENTO QUE REGENTAS, ME IRÉ A...
2714

ARRENQUES DEL PUERTO
¡OUCH!
CERRADO
ARRENQUES DEL PUERTO

BUENO, CONOZCO UN LUGAR CON EL QUE SIEMPRE PUEDES CONTAR...
407

BADULAQUE
NO CERRAMOS NUNCA
EXCEPTO ESTA NOCHE
¿CUÁNTO MÁS PUEDE RESISTIR UN HOMBRE?

¿EL MUNDO SE HA VUELTO *LOCO*?

BUENO, SÓLO QUEDA UN LUGAR DONDE PUEDE IR UN TRABAJADOR...
SUCASA.

¡EH, CHICOS! ¿A DÓNDE VAIS?
ESTA NOCHE HAY REUNIÓN DE TODA LA CIUDAD, HOMER.
¡IDIOTA! NO TENÍA QUE ENTERARSE.

¿QUÉ REUNIÓN?
UH, SE ME ESCAPÓ. SOY ASÍ.
SÍ, SIENTE EL IMPULSO INCONTROLABLE DE HABLAR DE REUNIONES DE CIUDAD INEXISTENTES.
EL MES PASADO DIERON UNA PELÍCULA EN LA TELE SOBRE ESO.

CREO QUE MARGE LA VIO.

¡GRAN REUNIÓN DE TODA LA CIUDAD ESTA NOCHE!
NOS VEMOS EN LA CENTRAL, HOMER.
VALE.
ADIÓS.
PROHIBIDO APARCAR
El Barto

LAMENTAMOS HABER CONVOCADO A TODA LA POBLACIÓN DE SPRINGFIELD ESTA NOCHE.
¡CUÁNTO PÚBLICO! **¿SIEMPRE** ASISTE TANTA GENTE A ESTAS REUNIONES?

HEMOS VENIDO PORQUE OÍMOS QUE IBAN A REPARTIR UN MONTÓN DE ***PASTA***.
OH.
ENTONCES, VAYAMOS DIRECTOS AL GRANO.

DOS HORAS DESPUÉS...
...Y CABLEAREMOS TODA LA CIUDAD.
LO ***MÁS IMPORTANTE*** ES EL SECRETO. ***NADIE*** DE LA FAMILIA SIMPSON DEBE SABER QUE ESTAMOS GRABANDO A HOMER SIMPSON.

¿Y CÓMO, EXACTAMENTE, VAMOS A ***BENEFICIARNOS***?

LA CADENA FOX PAGARÁ LA CONSTRUCCIÓN DE UN CENTRO COMUNAL DE LAS ARTES.

O PODEMOS REPARTIR UN MONTÓN DE ***PASTA***.

JUSTICIA Y LIBERTAD PARA TODOS
¡BIEEEEEEEEEEN!
JUZGADO DE SPRINGFIEL

¿HAS OÍDO ESO?
¿EH?

PARECÍAN **VÍTORES**.
DEBEN SER LOS **FLANDERS,** MARGE. SIEMPRE VITOREAN AL **SEÑOR** O AL **PECADO,** O A ALGO ASÍ.
MMMM...

¿CÓMO TE HA IDO EL DÍA, HOMEY?
BIEN, SUPONGO. EXCEPTO QUE TODOS LOS LOCALES DEL CENTRO ESTABAN CERRADOS.
ES POR LOS INSPECTORES DE LOS DETECTORES DE HUMO.
¿SÍ?

A LOS NIÑOS Y A MÍ NOS HICIERON SALIR DE CASA VARIAS **HORAS,** MIENTRAS REVISABAN LAS BATERÍAS.
FUERON MUY AMABLES, PERO TENGO UNA **SENSACIÓN RARA**...
ZZZZZZZZZZZZ...

BUENAS NOCHES, HOMER.
SÍ, HOMER. BUENAS NOCHES.

¿CÓMO VA NUESTRO ÚLTIMO ÉXITO, CABALLEROS?

PRECIOSO, JEFE.
ESE TIPO ES UN ARTISTA.
VEAMOS QUÉ TENEMOS.

SE CORTÓ AL AFEITARSE.
¡OUCH!

Y DESPUÉS, HIZO ESTO PARA CORTAR LA HEMORRAGIA.
ASÍ PARARÁ...

DESPUÉS, SE CAYÓ POR LAS ESCALERAS.
¡UUUPS!

¿Y NI SIQUIERA SON LAS 9 DE LA MAÑANA?
¡JA! ¡JA! ¡JA! ¡JA!
¡MIRE! ¡ACABA DE APUÑALARSE CON EL CUCHILLO DE LA MANTEQUILLA!
¡JA!
¡JA! ¡JA! ¡JA!
VAMOS, HOMER.
¡DEBERÍA TENER TODO UN CANAL PARA ÉL!

¡BUENOS DÍAS, MI MUY ESPECIAL AMIGO!
¿CÓMO PUEDO SERVIRLO, MI VALIOSO CLIENTE?

NO SÉ DE QUÉ HUMOR ESTOY.
SEA EL QUE SEA, SEÑOR HOMER, CUALQUIER OPCIÓN SERÁ BUENA.
TODOS LOS PRODUCTOS DE EL BADULAQUE, EN LA FAMOSA MILLA DORADA DE SPRINGFIELD, ESTÁN ENVASADOS CON GUSTO Y AL VACÍO, LO QUE GARANTIZA SU DURACIÓN.
KRISPIE K

ME LLEVARÉ GLUTIMUNCHIS DE MONOSODIO.
TAMBIÉN TENGO CORTEZAS DE CERDO Y HELADOS DE DOCE SABORES, INCLUIDO DE JALAPEÑOS.
MMM... CORTEZAS DE CERDO.
TANDOORI BURRITOS 2 POR $1

¡POR FAVOR, VUELVA AL BADULAQUE, DONDE EL VALOR SIGNIFICA QUE SÓLO PAGA EL DOBLE!
ESTE TIPO ESTÁ HACIENDO UN ANUNCIO.
¡PARA LO QUE LE SIRVE...! EL PROGRAMA NO SE EMITE EN SPRINGFIELD.
¿QUÉ EMITEN EN VEZ DE ESTO?

A CONTINUACIÓN, UN NUEVO CAPÍTULO DE MILLENIUM.
OH, TÍO.
CAMBIA DE CANAL, BART.

OH, UN CLÁSICO.
EL SHOOOOOW DE PICA Y RASCA...
PICA Y RASCA

PICA Y RASCA
en
AFEITANDO AL SOLDADO RASCA

YANK!

KA-BOOM!

¡JA!
¡JA!
¡JA! ¡JA!
¡JA!
¡JA!
CAMPO DE MINAS
¡JA!
¡JA!
¡JA!

AQUÍ ESTÁN LOS RESULTADOS, GENTE.
¡EL SHOW DE HOMER ARRASA!
RESULTADOS
WHUMP!

¡SOMOS PRIMEROS ENTRE LOS VARONES DE 18 A 34 AÑOS!
¡SOMOS PRIMEROS ENTRE LOS CONSPIRADORES CONVICTOS DEL WATERGATE!
¡SOMOS PRIMEROS ENTRE LOS GANADORES DE LA LOTERÍA!
¿SOMOS PRIMEROS ENTRE LAS EX ESPOSAS DE JULIO IGLESIAS!

LO ÚNICO MALO ES LA INVERSIÓN REALIZADA.
INSTALAMOS MIL CÁMARAS EN SPRINGFIELD, CUANDO PODRÍAMOS HABER CUBIERTO TODA LA VIDA DE HOMER SIMPSON CON SEIS.

DEVOLUCIÓN DE LIBROS
Días sin actividad: 123
BIBLIOTECA PÚBLICA DE SPRINGFIELD

¡AQUÍ ESTÁ HOMER SIMPSON!
¡A VER QUÉ PIFIA HACE!

...Y ENTONCES, LE DIJE AL TIPO: "¿AH, SÍ? PUES VALE".
Duff
CERVEZA

¡¡BIEN DICHO, HOMER!!
SIGUE, SIMPSON.
SEGURO QUE DON RICKLESS NO LE HUBIERA DICHO NI LA MITAD.
¿PUEDO SALUDAR A MI MAMÁ?
SLAP!
NADA VA MEJOR CON UNA BUENA ANÉCDOTA...

...¡COMO LA TABERNA DE MOE Y UNA CERVEZA DUFF!

FUE GENIAL, MARGE. TODOS EN MOE ESTABAN PENDIENTES DE MIS PALABRAS,¡ME SENTÍ COMO... UNA PRIMERA BAILARINA!
EL APLAUSO DE UN PUÑADO DE BORRACHOS NO ES COMO PARA SENTIRSE ORGULLOSO.
¿QUÉ TE CONVIRTIÓ DE REPENTE EN EL ALMA DE LA FIESTA?

CREO QUE TODOS SABEN APRECIAR MI SOFISTICACIÓN Y MI GRACEJO URBANO.

¡JU, JU!
¡EY!
¡JEEE! ¡JEEE!
¡JA! ¡JA!
¡JA!
¡JEEE! ¡JEEE! ¡JEEE!
¡JA!

PASAN LAS SEMANAS Y HOMER SIMPSON SE CONVIERTE EN UNA OBSESIÓN NACIONAL.
TV
La estrella más brillante de la FOX
DIOS
INTERVIU
MENSUAL
¡Es Uau ser "Ouch"!
COTILLEOS
Extraterrestres roban el cerebro de Homer... ¡Y se lo devuelven!
HOLLYWOOD POR DENTRO
NEGOCIO MILLONARIO DE UNA CADENA INDEPEN-DIENTE

DEBE ESTAR A PUNTO DE SALIR DE LA CASA.
¿CUÁNTAS VECES HA CHOCADO CON EL BUZÓN?
LOS EXTERMINADORES
CONTROL DE PLAGAS
LOS SIMPSON

¿ESTA SEMANA? CUATRO.
BAM!
YA HA VUELTO FRANKIE CON LAS ROSQUILLAS.

NO ERES FRANKIE.
¡NO HE SIDO YO! ¡NI MI PELOTA TAMPOCO!

¡UAUH! ¡EY!
¡ESTÁIS VIGILANDO NUESTRA CASA!
$#@&!

¿QUÉ **QUIERES,** CHICO? ¿UNA BICICLETA NUEVA?
¡JA! ¡NO ME HAGA ***REÍR***!

PIENSE QUE, SI ME ***CHIVO*** A MI PADRE, TODO EL NEGOCIO SE ESFUMARÁ.
¿QUÉ QUIERES, BART?
QUIERO UNO DE ESOS TRABAJOS DE HOLLYWOOD EN LOS QUE ***NO DAS GOLPE*** Y COBRAS CHEQUES BIEN ***GORDOS***.

¿A QUÉ VIENE ***ESTO***?
BARTHOLOMEW J. SIMPSON PRODUCTOR EJECUTIVO
PARA QUE OS ENTERÉIS, LIS.

LA VIDA NO ES LA MISMA, BARN. TODO HA CAMBIADO.
NO LO HABÍA NOTADO, HOMER.
NO PARA TI, SÓLO PARA ***MÍ***. EL MUNDO ES UN LUGAR EXTRAÑO.

¿DE QUÉ HABLAS, HOMER?
AQUÍ, EN MOE, NO HA CAMBIADO NADA.
ME SIENTO OBSERVADO.
BEBE
IMAGINACIONES TUYAS. MIRA A TU ALREDEDOR.

¡AHHHHHHHH!

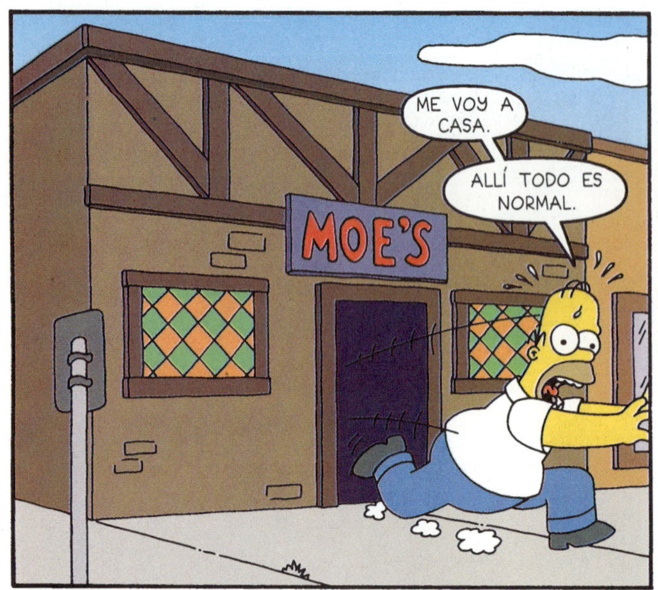
MOE'S
ME VOY A CASA.
ALLÍ TODO ES NORMAL.

¡HOMER!
¡EH, HOMER!
¡MAR-CHAOS!
¡ES HOMER!

¡EH, HOMER!
¡ESPERA, HOMER!
¡HOMER, NENE!
¡AAAAAAAAAAH!

¡QUIERO IR A CASA CON MARGE!
MARGE SABRÁ QUÉ HACER.
DEBO LLEGAR HASTA EL COCHE.

BIEN.
LOS EXTERMINADORES
CONTROL DE PLAGAS
NO SÉ...
BASH!

...ALGO NO FUNCIONA.
¡MARGE!

¡MARGE, O LA CIUDAD O YO NOS HEMOS VUELTO LOCOS!
BUENO, ÚLTIMAMENTE ESTÁN PASANDO COSAS MUY RARAS.

COMO LA COMIDA GRATIS QUE HEMOS ESTADO RECIBIENDO.
KRUSTY-O'S Pasta Substitute
0:00

Y LA ROPA GRATIS...
EL HOLANDES FRITO

Y LAS REUNIONES A LAS QUE ASISTE BART...

Y ESE EXTRAÑO ZUMBIDO EN LAS PAREDES.
¡TÚ! ¡TÚ! ¡TÚ!
¡SÓLO PIENSAS EN TI!

¡ES MI CRISIS DE NERVIOS Y ME LA GUARDARÉ PARA MÍ SOLO, GRACIAS!
TIENE MALA PINTA, CHICOS.

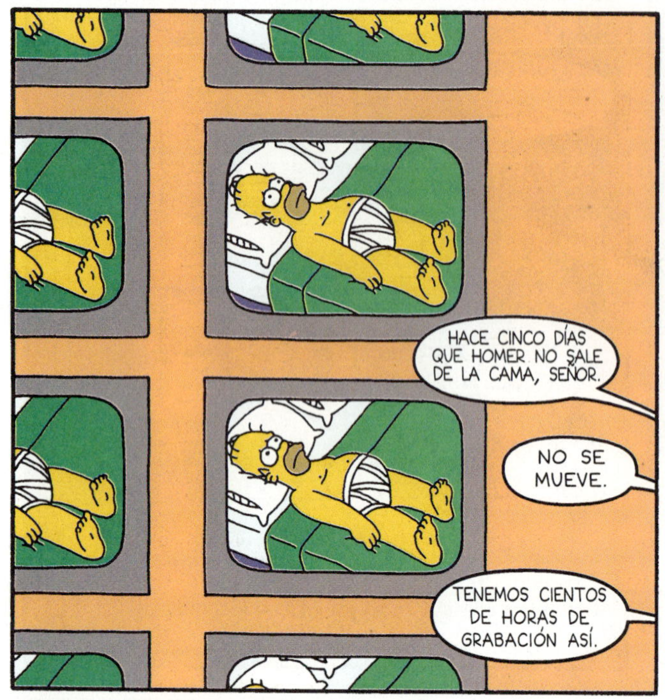
HACE CINCO DÍAS QUE HOMER NO SALE DE LA CAMA, SEÑOR.
NO SE MUEVE.
TENEMOS CIENTOS DE HORAS DE GRABACIÓN ASÍ.

TODA NUESTRA PROGRAMACIÓN SE BASA EN ÉL.
¡ESPERABA NO TENER QUE LLEGAR A ESTO, PERO HAY QUE HACER ALGO!

Y...
APELAMOS DIRECTAMENTE A **USTED,** SEÑOR SIMPSON.
FOX

USTED **NO** LO SABE, PERO EE.UU. LO **ADORAN**.
NO **A PESAR** DE SUS DEFECTOS, SINO **GRACIAS** A ELLOS. NORTEAMÉRICA NO SE RÍE **DE** USTED, HOMER, SINO **CON** USTED.

ESTE PAÍS Y SU TELEVISIÓN NECESITAN QUE SIGA CON SU CONDUCTA INSENSATA Y SU DESPRECIO HACIA SU PROPIA DIGNIDAD.
¿PUEDE HACERLO, HOMER? ¡POR SUS MILLONES DE FANS!

¡CUENTEN CONMIGO!

Y, EN LOS DÍAS SIGUIENTES...
¡OH, NO! ¡ME HE PUESTO UN SOMBRERO DE MUJER!
FERRETERÍA

¡OH, OH! ¡ME HE CAÍDO Y NO PUEDO LEVANTARME!
SECTOR 76

Y EL OSO POLAR LE DICE AL CONEJO...
UN CHISTE MÁS Y LO MATO, SEÑOR HOMER.
Duff SE VENDE CERVEZA

¡UPS!
¡HE VUELTO A OLVIDARME LOS PANTALONES!

¿QUÉ HACE?
DIOS SANTO, ESTÁ...
...INTENTANDO SER DIVERTIDO.

¿POR QUÉ NOS GUSTABA ESTE PROGRAMA?
PON LA CADENA DEL TIEMPO.
LA DE NASHVILLE.
APAGAD LA TELE.

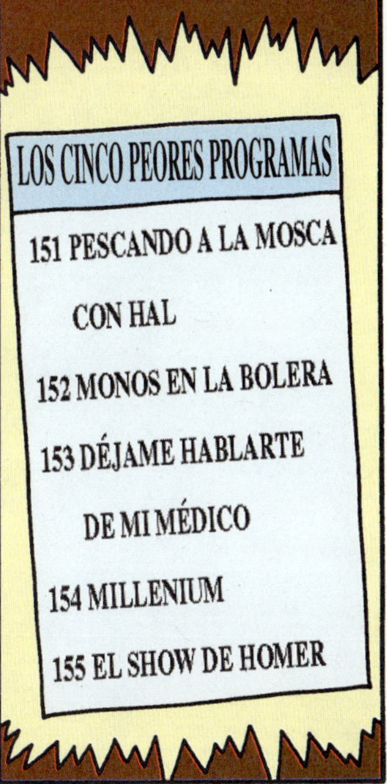
LOS CINCO PEORES PROGRAMAS
151 PESCANDO A LA MOSCA CON HAL
152 MONOS EN LA BOLERA
153 DÉJAME HABLARTE DE MI MÉDICO
154 MILLENIUM
155 EL SHOW DE HOMER

¡MI SUPERTELEVISOR NO!
¡MI SECRETARIA NO!
¡MI CAFETERA CON LECHE NO!
¿PODEMOS NEGOCIAR?

MUCHAS GRACIAS, HOMER.
ERES UN CHAPUZAS CHAPUCERO.
LA FAMA NO LO ES TODO, CHICO.

COMO EL GRAN MECÁNICO PAT SAJACK DIJO...
..."LA GLORIA ES EFÍMERA". AHORA, EN VEZ DE COMPARTIR MIS METEDURAS DE PATA CON EL MUNDO, SÓLO LAS COMPARTIRÉ CON MI FAM...

¡OUCH!

¡MMPF!
¡MMPF!
LOS EXTERMINADORES
CONTROL DE PLAGAS

¡OCH!
¡LA ABC ME PAGARÁ UNA FORTUNA POR ESTO!
FIN.

BONGO COMICS GROUP
LA CABAÑA DEL TERROR DE BART SIMPSON
CON LOS TERRORÍFICOS TALENTOS DE GEOF DARROW, CHUCK DIXON, Y BATTON LASH
GROENING
Morrison
KANE

Imprime Lifusa, S.L. - Depósito legal: B. 15.729 - 1998

¡ES IRÓNICO QUE LO QUE EMPEZÓ COMO UNA TÍPICA NAVIDAD FAMILIAR SE CONVIRTIERA EN UNA *FIESTA DEL HORROR*!
TAMBIÉN ES IRÓNICO QUE FUERA YO, LISA SIMPSON, LA QUE TRAJO ESA PESADILLA A NUESTRA CASA.

Y LA MAYOR IRONÍA, QUE LLEGA HASTA LA VENTANA DEL SEGUNDO PISO, ES QUE FUE *MI* CONCIENCIACIÓN MEDIOAMBIENTAL LA QUE TRAJO A ESE TERROR BOTÁNICO SOBRE NOSOTROS.

TODO EMPEZÓ TRES DÍAS ANTES DE NAVIDAD...
¡*AAAAH*!
¡ES DEMASIADO *HORRIBLE*!

¡EL ÁRBOL DE NAVIDAD ESTÁ *OXIDADO*! ¡AHORA NO REFLEJARÁ LAS LUCES!
EL *ÓXIDO* ES UN COLOR GUAI, HOMER.
TENDREMOS QUE COMPRAR UN ÁRBOL *VIVO*, PAPÁ.
BULBS
XMAS STUFF
XMAS STUFF

BUENA *IDEA*, LISA.
¡NADA COMO EL OLOR DE LA MADERA RECIÉN CORTADA EN EL SALÓN!

¡HE DICHO UN ÁRBOL *VIVO*! ¡UNO QUE PODAMOS *PLANTAR* EN EL PATIO TRASERO CUANDO TERMINEN LAS FIESTAS Y *DISFRUTARLO* MUCHOS AÑOS!
¡A PEQUEÑO AYUDANTE DE SANTA LE PARECE BIEN!

PLANTACIÓN NAVIDEÑA KRUSTY
¡CORTA TU PROPIO ÁRBOL Y AHÓRRATE UNA PASTA!
UNA SECCIÓN DE KRUSTICO STRIP MINING ENTERPRISES.
ESTO ES UN ROLLO...
PODRÍAMOS **COMPRÁRSELO** A KRUSTY.
¡OH, HOMEY! SERÁ TODA UNA **AVENTURA**, COMO LAS ANTIGUAS NAVIDADES.

¡ANTIGUAS NAVIDADES, Y UN **CUERNO**!
LUEGO QUERRÁS QUE PASEMOS TODA LA ESTÚPIDA MAÑANA DE NAVIDAD EN ESA ESTÚPIDA **IGLESIA**.
¿Y **ESO** QUÉ TIENE DE MALO?
¡TRES CUARTOS DE HORA **DESPERDICIADOS**!

¡NOS ESTROPEAS LAS **NAVIDADES**, MAMÁ!
¿QUÉ HE DICHO?
¡CÁLLATE, CHICO!
NO ES TU **MADRE** LA QUE ESTROPEA LAS NAVIDADES...

VIVE Y DEJA VIVIR
PLANTACIÓN DE ÁRBOLES DE NAVIDAD
¡**HOMER**!
...¡SINO **LISA**!
¡ES **VERDAD**!

¿NO ES MEJOR ESTO QUE COMPRAR UN ÁRBOL DE PLÁSTICO EN EL BADULAQUE?
ASÍ PROLONGAREMOS LA VIDA EN VEZ DEL VERTEDERO.
¡MALDITA SEA! ¡QUÉ BIEN ME IRÍA UNA SIERRA ELÉCTRICA...!

MIRA QUÉ PRECIOSIDAD, LISA.
TIENE UN CARTEL DE "VENDIDO", HOMER.

¿QUÉ IMBÉCIL COMPRARÍA ESTE ÁRBOL?
Vendido a:
C. BROWN

OOOOOH.

¡AQUÍ ESTÁ EL ÁRBOL DE NAVIDAD DE LOS SIMPSON!
POCO SABÍA EL TERROR QUE ESTABA ENRAIZADO EN AQUEL TERRENO NEVADO.

ESE ÁRBOL NO TENÍA EL **PRECIO** PUESTO.
NUNCA LO HABÍA VIS...
UM, ES DECIR... QUE AÚN NO LO HABÍA **ETIQUETADO**, TÍO.
CIEN PAVOS.
HMMM.
Love

¡OUCH!
¡OUCH!
¡OUCH!
¡BART!
¡DEJA DE DECIR "OUCH!
NO SOY **YO**.

¡OH! ¡**GRACIAS**, PAPÁ!
PUES
-ARF-
DE
-ARF-
NADA.
ALGÚN DÍA NOS TUMBAREMOS BAJO LA SOMBRA DE ESTE PRECIOSO...
¿QUÉ **CLASE** DE ÁRBOL ES?

¡QUÉ MÁS DA, MIENTRAS CUELGUEN MUCHOS **REGALOS**!
¡NO OLVIDES REGARLO, HOMEY!
UHHHHHH...

ESA NOCHE DECORAMOS EL ÁRBOL, SIN SABER EL *TERROR* PARALIZANTE QUE SUPONÍA.
¡OUCH!

EL GÉNERO DE NUESTRO ÁRBOL FAMILIAR ME DESCONCERTABA.
LIBRO DE LOS ÁRBOLES QUE AMAMOS

NO ENCONTRÉ SU ESPECIE EN NINGUNO DE MIS LIBROS.
ÁRBOLES
ÁRBOLES
¿MMMM?

MIENTRAS MIS PADRES Y HERMANOS DORMÍAN, BAJÉ AL SALÓN PARA ESTUDIAR EL ÁRBOL.
ESPERABA ENCONTRAR A BART ENVUELTO EN ALGÚN RITUAL DE NOCHEBUENA PARA CONJURAR REGALOS.

PERO HICE EL DESCUBRIMIENTO MÁS TERRORÍFICO DE MI JOVEN VIDA.
NO **ME** ENCONTRARÁS AHÍ, LISA.
¿EH?
LIBRO DE LOS ÁRBOLES QUE AMAMOS

¡AAAAAAAAAAH!
SÍ... SÍ... NO REPRIMAS TU TERROR.
LES DIJE A LOS OTROS QUE SERÍAIS UNA RAZA FÁCIL DE CONQUISTAR.

¿O... O... OTROS?
SÓLO SOY LA VANGUARDIA DE LA INVASIÓN DE UN LEJANO SISTEMA SOLAR.
ME LLAMO TAHN-ENN-BAHM Y SÓLO SOY UNO ENTRE MILLONES. AHORA MISMO, UNA ARMADA ESPERA MI SEÑAL EN ÓRBITA.

VENGO DE UN MUNDO CUYO NOMBRE NO PUEDE PRONUNCIAR VUESTRA ESPECIE.
PORQUE SI ACENTUÁIS EQUIVOCADAMENTE LA TERCERA SÍLABA, SIGNIFICA "CULOGORDO".
TE DIJE QUE DEBIMOS VENIR ANTES. ¡NUNCA ENCONTRAMOS SITIO!
¡OUCH!

CUANDO LES EXPLIQUE VUESTROS PUNTOS *DÉBILES*, MIS HERMANOS ATERRIZARÁN EN TODAS LAS CAPITALES DEL MUNDO.
¡EY, CUÁNTOS *ÁRBOLES* NOS HAN REGALADO!

¡*TODOS* VOSOTROS SERÉIS PRESAS DEL PÁNICO!
¡OH, GENIAL, ESTAMOS *PERDIDOS*! ¡JUSTO CUANDO HABÍAN ENCONTRADO UNA CURA PARA LA IMPOTENCIA!
ER, UH... CREO QUE NO HAY ESPERANZAS DE SER REELEGIDO.
¡TENDRÉ QUE HACER UN HELADO CON SABOR A ESTIERCOL!
¿SON ÁRBOLES *TABAQUEROS*?
¿LO SON O *NO*?

...¡Y CUANDO APLASTEMOS TODA RESISTENCIA, REINAREMOS SOBRE VOSOTROS!
¡OS PASARÉIS LA VIDA ATENDIENDO NUESTRAS NECESIDADES! ¡ADORÁNDONOS TODOS LOS DÍAS!

Y LOS QUE SE RESISTAN, TENDRÁN UN DESTINO *ESPECIAL*...
¡EL ABONO ES DE *GENTE*!
¡EL ABONO ES DE GENTE!
ABONO RÁPIDO

¡HUYE DE TERROR, TERRESTRE!
¡PRONTO NO HABRÁ LUGAR DONDE HUIR!
¡PRONTO, LOS ÁRBOLES NO DEJARÁN VER EL BOSQUE A TU ESPECIE!
¡JA JA JA JA JA JA!
¿QUÉ?
¿QUÉ HACES?
NECESITAS QUE TE PODEN, INTRUSO EXTRATERRESTRE.
¿DE VERDAD HARÁS ESO, LISA?
HE OÍDO TU TONO EMBELESADO CUANDO HABLAS DE LA VIDA VEGETAL.
¿PODRÁS TALAR UN ÁRBOL?
¿AUNQUE SEA UN SAQUEADOR PLANETARIO COMO YO?
YO...

¡NO PUEDO!
THWAK!

¡PERO BUSCARÉ A ALGUIEN QUE SÍ PUEDA!
¡SE LO CONTARÉ AL MUNDO Y VUESTRA INVASIÓN SERÁ CORTADA POR LA RAÍZ!
¿Y QUIÉN CREERÁ A UNA NIÑA?
¡JA JA JA JA JA JA JA JA!

PENSÉ QUE ERA UN FAROL. ¿SE AGITABAN SUS RAMAS O SÓLO ERA LA BRISA AGITANDO SUS ADORNOS?
CREÍ QUE USTED PODRÍA AYUDARME MÁS QUE NADIE.

QUIERO CREER.
PERO CREO QUE YA LEÍ ESA HISTORIA EN RELATOS SORPRENDENTES.
CRUCIGRAMA EXTRATERRESTRE
FBI

CADA PETICIÓN DE AYUDA TOPÓ CON EL RIDÍCULO O LA INDIFERENCIA.
SÍ, SOY YO. AJÁ. MMM. UN ÁRBOL DE NAVIDAD EXTRATERRESTRE, SÍ. ¿Y QUÉ? MMM.

JEFE, LA MÁQUINA DE HELADOS SE HA QUEDADO SIN CHOCOTACOS.
¡SANTA MADRE DE DIOS!

EL ÁRBOL TENÍA RAZÓN... NADIE ME HIZO CASO.
ASÍ QUE ACUDÍ A MI FAMILIA, ESPERANDO QUE ESCUCHASEN MI ADVERTENCIA.
¡TIENES QUE CREERME PAPÁ!
¿COMO TODAS TUS OTRAS MENTIRAS?

"PAPÁ, HE CREADO UN UNIVERSO EN UNA TARRINA DE MARGARINA."
"PAPÁ, EL DIRECTOR ESTÁ COCINANDO NIÑOS EN LA CAFETERÍA."
"¡PAPÁAAA, BART RESUCITA A LOS MUERTOS!"

CREO QUE PAPÁ HA ESTADO VIENDO OTRA VEZ EXPEDIENTE-X.
PERO...
¡NO ME HABLES EN ESE TONO, JOVENCITA!
¡HOMER!

TUVE QUE AFRONTAR LA HORRIBLE VERDAD. LA TIERRA ESTABA CONDENADA...
¿HAS REGADO EL ÁRBOL?
¡OUCH!

...Y NO PODÍA HACER NADA POR SALVARLA.
CREO QUE HAS GANADO.
JE, JE, JE, JE.

¡CUIDADO, LISA!
¡UPS!

TE VENDEN UN ESTÚPIDO ÁRBOL VIVO...
...PERO NO TE DICEN QUE TIENES QUE MANTENERLO VIVO.

ÉSA ERA LA IRONÍA MÁS AMARGA.
ESTÁBAMOS AYUDANDO A LA MAYOR AMENAZA VERDE Y BOSCOSA A QUE LA HUMANIDAD SE HAYA ENFRENTADO.

FIN DE LA ESPERANZA.
¡UPS!
¡UAUH!

¡ESTO VA A SER FEO!

EEEEEEYAAAAAAAAAAH!
¡ESTÚPIDO DETECTOR DE HUMOS!
¡NO ES EL DETECTOR DE HUMOS, SINO UN GRITO AGÓNICO EXTRATERRESTRE!
¡ESTÚPIDO GRITO AGÓNICO EXTRATERRESTRE!

¡TAHN-ENN-BAHM HA MUERTO!
¡LOS TERRESTRES SON DEMASIADO PODEROSOS!
¡HUID!

ASÍ TERMINÓ LA AMENAZA. NO GRACIAS A LA GUERRA O LA CIENCIA.
¿MARGE?
HE REGADO EL ÁRBOL.
AL MENOS, AHORA TODOS SE OLVIDARÁN DEL ÁRBOL QUE YO QUEMÉ.

LA TIERRA SE SALVÓ GRACIAS A UN CUBO DE AGUA Y UN PATOSO.
ESO SE CREE ELLA.

JA JA JA JA JA JA JA JA JA JA JA JA
¿FIN????????????????

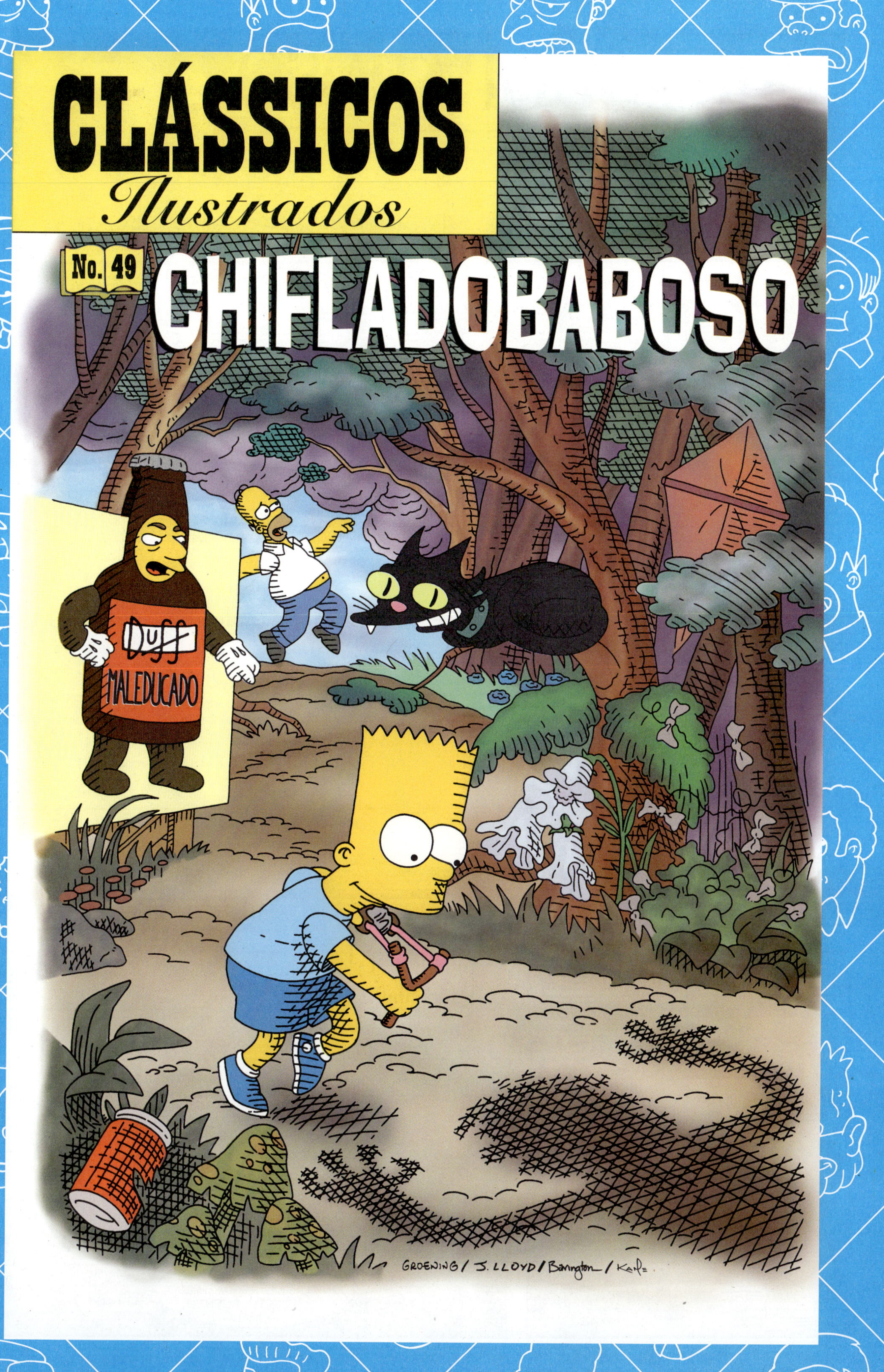
CLÁSSICOS
Ilustrados
No. 49
CHIFLADOBABOSO
DUFF
MALEDUCADO
GROENING / J. LLOYD / Barrington / Kane

CHIFLADOBABOSO

¡Atención a la bestia Jub-Jub, yo no me fío...!
¡MALDICIÓN! LO NECESITO PARA MI MAZORCA!

¡...de los propietarios de Jub-Jub, las hermanas ortiga!
¡HMMPH!
¿TE PREGUNTABAS DE DÓNDE HA SALIDO HOMER?
¡SOCORRO!

Bart con su tirachinas se armó.
¡OYE, ME LARGO DE AQUÍ!

Y de juegos y grupos se alejó.
¡VEN, CHIFLADOBABOSO! ¡SAL DE DONDEQUIERA QUE ESTÉS!

Junto al anuncio de Duff descansó, y a voz en grito refunfuñó...
¡LIMPIA LAS CACAS DE TUS MASCOTAS, IDIOTA!
TAMAÑO MOLESTO
EL PRÓXIMO KILÓMETRO
DEL BOSQUE
ESTÁPATROCINADO
POR
LA CERVEZA DUFF
Duff
¡PUES VAYA!

Y como respuesta a las palabras de Bart, el Chifladobaboso, con ojos pop-art, en el bosque de Springfield apareció, ¡y a toda potencia eructó!
¡AAAARRRHHHHHH! -BURP-
¡AY, CARAMBA!
¡Plink, pumba! Plink, pumba! ¡Lanzó piedras a ritmo de rumba!
¡ARRRGHH! ¡OUCH! ¡ARRRGHH! ¡OUCH!
SURLY
¡TOMA ESO! ¡Y ESTO! ¡Y ESTO!
¡El tirachinas silbaba! ¡El Baboso tropezaba!
¡OOOOOH!
Bart lo noqueó.
¡JE, JE, JE! ¡BARTHOLOMEW J. SIMPSON I, MONSTRUO FEO 0!
Pero entonces gritó...
¡AAAAAH!

Allí estaba Wiggum y sus secuaces babosos, haciendo trampas para ganar pasteles sabrosos;

GUION JESSE LEON MCCANN · LÁPIZ JAMES LLOYD · TINTA TIM BAVINGTON · COLOR NATHAN KANE · EDITOR BILL MORRISON · JABBERWOCKY MATT GROENING

PHIL HARTMAN (1948-1998)

Como mucha gente, yo era un gran fan de Phil. los personajes que interpretó y a los que puso voz en el programa televisivo de humor saturday night live, y en las series News Radio y los Simpson, eran infernalmente divertidos, pero también algo más: en la voz de Phil, en su lenguaje corporal, en el parpadeo de sus ojos, podías ver a un actor que disfrutaba con su trabajo. a medida que Phil actuaba, profundizaba en el proceso de actuación, y el hecho de que muchos de sus personajes fueran tan flagrantemente consumidos por una hilarante falta de sinceridad, hacía que el público disfrutase más todavía. siempre podías decir que Phil realizaba una interpretación brillante y que también disfrutaba de la actuación de sus compañeros de profesión. y no me perdía ninguna de sus entrevistas en cualquier programa de televisión, porque era tan divertido como sus personajes.

Conocí a Phil Hartman en 1980, creo, cuando hacía de capitán Carl en la obra teatral Pee Wee´s Playhouse, que se representó varios meses en el teatro groundlings de la avenida melrose, en Hollywood. Phil destacaba en medio de un espectáculo lleno de grandes intérpretes, el propio Pee Wee Herman entre ellos. Se lo dije una noche durante una fiesta y muchos años después, cuando Phil llegó al estudio de doblaje de los Simpson, me aduló ver que recordaba mi piropo.

Fue un lujo que, en los Simpson, Phil prestase su voz al abogado Lionel Hurtz y al actor troy mcclure. era el sueño de un guionista de comedia: podía conseguir que sus diálogos resultasen graciosos y que los chistes parecieran más graciosos todavía. Siempre captaba los chistes y eso hacía que los guionistas de los simpson lo adorasen. si un guión flojeaba, sabíamos que podíamos añadir una escena con Lionel Hurtz y volvía a animarse. Al final, fuimos capaces de mostrarle nuestro agradecimiento en un episodio de 1996, un pez llamado Selma, protagonizado por Troy Mcclure. Uno de mis momentos favoritos de toda la historia de los Simpson es la escena de el planeta de los simios, el musical; me hizo reir hasta que se me saltaron las lágrimas.

La última vez que vi a Phil fue aproximadamente una semana antes de su muerte, cuando vino a una prueba para mi nueva serie de dibujos animados titulada Futurama. Phil, por supuesto, no necesitaba hacer ninguna prueba; en lo que respectaba al productor ejecutivo David Cohen y a mí, el papel ya era suyo. Se lo dijimos, pero igualmente se presentó y nos divirtió con sus ocurrencias. Phil probó un montón de voces distintas y todas nos hicieron reír. Estaba de buen humor, como siempre, contento de encontrarse allí, contento de trabajar, de estar pasándoselo bien. Phil y yo hablamos de nuestros respectivos hijos y de la suerte que teníamos, ya que ellos podían disfrutar de nuestro trabajo. Phil habló de las improvisaciones que hizo en el personaje de capitán Blasto para el videojuego Blasto, y yo le comenté que a mis hijos les encantaba ese juego. Imitó a su personaje el abogado cavernícola, comentó lo mucho que le gustaba volar en su avioneta privada y se dirigió hacia la puerta.

Ya nos veremos, Phil, le dijimos, ¡gracias por venir!

Y ahora, un par de semanas después, no puedo creer que esté aquí sentado escribiendo este texto. Todos los que colaboramos con Phil en los Simpson lo añoraremos terriblemente. El humor, la actitud y el entusiasmo de Phil, hacían que trabajar con él fuera una alegría. Nunca podremos reemplazarlo.

Éste es uno de esos momentos terribles en la vida donde las palabras no pueden expresar el dolor que sentimos por la inesperada pérdida de alguien absolutamente genial.

MATT

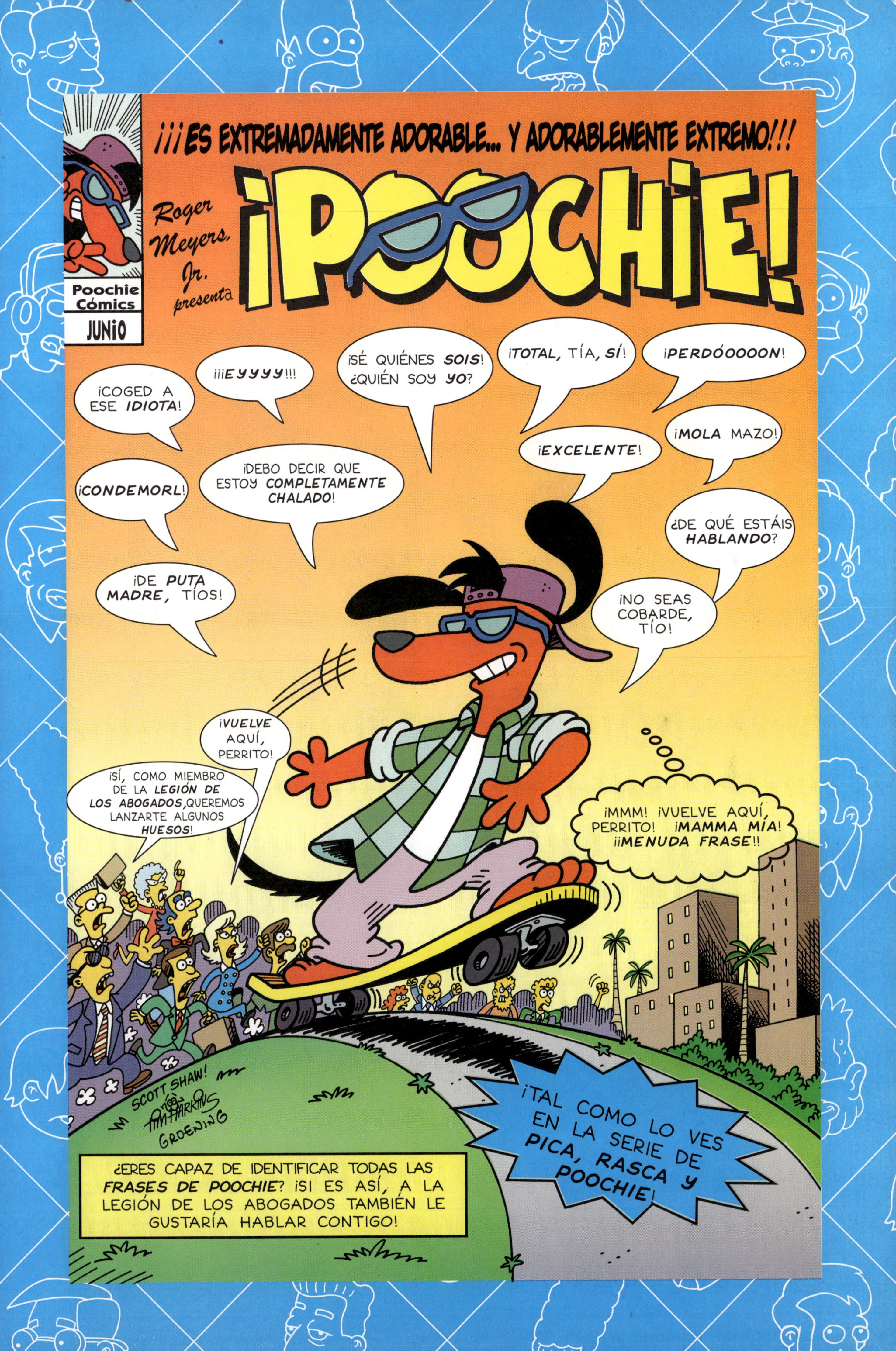
Poochie Cómics
JUNIO
¡¡¡ES EXTREMADAMENTE ADORABLE... Y ADORABLEMENTE EXTREMO!!!
Roger Meyers. Jr. presenta
¡POOCHIE!
¡COGED A ESE IDIOTA!
¡¡¡EYYYY!!!
¡SÉ QUIÉNES SOIS! ¿QUIÉN SOY YO?
¡TOTAL, TÍA, SÍ!
¡PERDÓOOOON!
¡MOLA MAZO!
¡EXCELENTE!
¡CONDEMORL!
¡DEBO DECIR QUE ESTOY COMPLETAMENTE CHALADO!
¿DE QUÉ ESTÁIS HABLANDO?
¡DE PUTA MADRE, TÍOS!
¡NO SEAS COBARDE, TÍO!
¡VUELVE AQUÍ, PERRITO!
¡SÍ, COMO MIEMBRO DE LA LEGIÓN DE LOS ABOGADOS, QUEREMOS LANZARTE ALGUNOS HUESOS!
¡MMM! ¡VUELVE AQUÍ, PERRITO! ¡MAMMA MÍA! ¡¡MENUDA FRASE!!
SCOTT SHAW!
GROENING
¡TAL COMO LO VES EN LA SERIE DE PICA, RASCA Y POOCHIE!
¿ERES CAPAZ DE IDENTIFICAR TODAS LAS FRASES DE POOCHIE? ¡SI ES ASÍ, A LA LEGIÓN DE LOS ABOGADOS TAMBIÉN LE GUSTARÍA HABLAR CONTIGO!

MEMORANDO DE
Barbara Hannigan,
MANAGER DEL ESTUDIO DE PRODUCCIÓN ROGER MEYERS JR.

A Roger Meyers, jr.
Recientemente, en el armario de los útiles de limpieza del estudio, se han descubierto estos antiguos storyboards de presentación. Creo que se hicieron ante la expectativa de que "Poochie" pudiera tener serie propia de dibujos animados. (Tendríamos que haberlo sabido, ¿eh, jefe?) ¿Los tiramos o crees que pueden interesarle a los coleccionistas?

Barb

¡¡¡La cola y los chistes de **Poochie** en una **nueva** serie de dibujos animados, llena de toda la acción que vosotros, la nueva raza de teleespectadores pedís... no, **exigís**!!!

¡El perro de dibujos animados favorito de América está **atrapado** en un mundo post-apocalíptico que no es el suyo! Pero **Poochie** no está solo...

Al descubrir una **máquina del tiempo** en un laboratorio de investigación, Poochie reúne a las mayores **figuras culturales del pop** de todos los tiempos y se convierten en... **¡el X-Tremo Equipo Supremo!**

¡Mientras, **Bichonator**, una pulga mutante que gobierna este país radioactivo, crea su propio escuadrón de lacayos malvados (cada uno es una amenaza por ***sí mismo***) para reforzar su control!

¡Contempla cada semana como **Poochie** y sus poderosos amigos se enfrentan a Bichonator y sus fuerzas diabólicas, mientras combaten por el **destino** del Universo!

¡¡Y una noticia que hará feliz a todos los **ejecutivos de la cadena**: el **coste** de producción de esta nueva serie de **Poochie** se cubrirá enteramente gracias a (¡chupaos ésta!) los **anuncios** de la nueva línea de muñecos de **Poochie Ultra-Turbo-Mega y su X-Tremo Equipo Supremo**, sus accesorios y sus vehículos!!

¡**Poochie** es un tipo molón, muy de la calle, en una serie que se dirige a los Jóvenes de Hoy Día que son capaces de **comprenderlo**!

Un día, **Poochie** y su banda de chicas, **Las Muñequitas**, están viajando en su **yate**, en ruta hacia otra fiesta cuando, de repente, un **tornado** aparece en el horizonte!

¡Después de que la feroz tormenta destroce su barco, **Poochie** y sus **amigas** van a parar a la orilla de una **isla tropical perdida** mientras hacen surf!

¡Allí son recibidos por una amistosa tribu de **tortugas**! ¡Hace años, una caja de discos de breakdance llegó hasta su isla y desde entonces, estos ingenuos nativos **adoran** el breakdance!

¡Pero en todo paraíso hay una serpiente, y la isla Breakdance **no** es una excepción! ¡Al ver su autoridad amenazada por los recién llegados, el brujo de la tribu, **Irritado** (y su estúpido compañero, **Sheldon**) juran librarse de Poochie y su banda ***sea como sea***!

A pesar de los planes de Irritado, **Poochie** y su banda siempre consiguen salir victoriosos gracias al imparable poder de la **música**. Así, cada semana, podremos emitir una canción hip-hop, que tocarán las propias **Muñequitas**.

¡Por supuesto, **también** tendrán que ayudar a las tortugas breakdance de la isla a ponerse de pie cada vez que practiquen!

¡¡¡Y ahora, una noticia que hará feliz a todos los **ejecutivos de la cadena**: el **coste** de producción de esta nueva serie de **Poochie** se cubrirá enteramente gracias a (sí, es absolutamente cierto) los anuncios de la banda sonora, en casette, CD y vídeo con las letras incluidas, en VHS y DVD, de **Poochie y las Muñequitas en la isla Breakdance**, que se venderán en todas las tiendas de discos y de vídeos!!!

¡**Descubre** y **aprende** lo **dura** que es la vida, con estos niños irresistiblemente adorables, aunque mal aconsejados!

¡Descubre a **Poochie** y sus amigos pre-escolares: **Whiney Swiney, el oso Spazzy, Alonso el Loquesea, Miauwulf** y los gemelos **Patinazo** y **Escorbuto**!

Estos simpáticos personajes son vigilados por **Manny**, su guardián gruñón pero adorable, cuya cara nunca veremos (debido a las restricciones legales del Programa del Gobierno para la Protección de Testigos).

¡Un día recibirán la visita de sus nuevos amigos, **Pequepica** y **Pequerasca**! ¡Cielos! ¡A pesar de los esfuerzos de Manny, todo se desmadrará!

¡Con su guardería calcinada hasta los cimientos, los **Peques-Poochie** tendrán que enfrentarse a la cruda realidad de un mundo sin **alimento** ni **refugio**!

¡Nuestros amiguitos pueden estar **fastidiados** pero nunca **hundidos**! Usando su poderosa **imaginación**, los chicos imaginarán que en vez de encontrarse en la **p.... calle**, están de vacaciones en el **Club Mediterranée**!

¡Pero despertarán en un **centro de investigación** de la toxicidad de los productos **cosméticos** en animales cautivos! ¿Quién **sabe** lo que les ocurrirá a estos encantadores pequeños?

¡¡¡Y una noticia que hará feliz a todos los **ejecutivos de la cadena**: el **coste** de producción de esta nueva serie de **Poochie** se cubrirá **enteramente** gracias a (¿podéis **creerlo**?) **los anuncios** de nuestra nueva línea de muñecos **Peques-Poochie de Roger Meyer, los libros de actividades** y **los pijamas**!!!

GUIÓN Y LÁPIZ: SCOTT "ESTUVO Y LO HIZO" SHAW

TINTA: TIM "¿DÓNDE ESTÁ EL MANDO A DISTANCIA?" BAVINGTON

COLOR: NATHAN "SE ME CIERRAN LOS PÁRPADOS" KANE

DIRECTOR: BILL "¿EN QUÉ ESTARÍA PENSANDO?" MORRISON

TOLERADO POR: MATT "REY DE LAS TIERRAS DEVASTADAS" GROENING

PUBLISHER	CREATIVE DIRECTOR	MANAGING EDITOR	OPERATIONS	ART DIRECTOR	PRODUCTION MANAGER	LEGAL GUARDIAN
Matt Groening	Bill Morrison	Terry Delegeane	Robert Zaugh	Nathan Kane	Chris Ungar	Susan Grode